W0202640

7 Summits

Erlebnisse – Erfahrungen – Erkenntnisse

DANKSAGUNG

Vielen Dank für die Mitarbeit und Mithilfe bei diesem Buch an Pat Morrow, Paul Resch, Mag. Alois Furtner, Dr. Stefan Gatt, Günter Weixlbaumer, Adam McFarren (American Alpine Club Library), Paul Glenn und Dr. Gernot Overbeck.

Besonderen Dank an jene, die mich bei all meinen Projekten und Vorhaben begleiten und unterstützen.

Wolfgang Fasching

1. Auflage
Copyright © 2010

Die Sportagentur Doris Fasching
Oberschwaig 62
4671 Neukirchen, Austria

Alle Rechte, auch die des auszugsweisen Abdrucks oder der Reproduktion einer Abbildung, sind vorbehalten.

ISBN: 978-3-902480-66-8

Redaktionelle Mitarbeit:
Doris Fasching, Mag. Alexandra Reill, Karin Gruber

Lektorat:
Mag. Katja Rigo

Fotos:
Mag. Alois Furtner, Günter Weixlbaumer, Juan Glenn,
Mag. art. Gregor Hartl (www.gregorhartl.at),
Privatarchiv Wolfgang Fasching

Grafische Gestaltung und Satz:
Buchproduktion Toscani – www.buchproduktion.toscani.at

Druck:
Colordruck Helminger & Co. Ges.m.b.H.
Vogelweiderstraße 116, A-5020 Salzburg
www.colordruck.at

Projektmanagement:
egoth Verlag GmbH – www.egoth.at in Zusammenarbeit
mit Doris Fasching

Wolfgang **Fasching**

7 Summits

Erlebnisse – Erfahrungen – Erkenntnisse

23. Mai 2001	Mt. Everest, Asien
20. Mai 2008	Elbrus, Europa
2. September 2008	Kilimandscharo, Afrika
2. Januar 2009	Mt. Vinson, Antarktis
15. Januar 2009	Aconcagua, Südamerika
16. Juni 2009	Mt. McKinley, Nordamerika
6. Dezember 2009	Carstensz-Pyramide, Australien/Ozeanien

Europa
Asien
Afrika
Ozeanien
Antarktis

Inhaltsverzeichnis

VORWORT von PAT MORROW	7
EINLEITUNG	11
BASS vs. MORROW	20
KILIMANDSCHARO	27
CARSTENSZ-PYRAMIDE	51
ELBRUS	91
DENALI – MOUNT McKINLEY	113
MOUNT VINSON	149
ACONCAGUA	171
MOUNT EVEREST	209
EPILOG	248
DIE AUTOREN	253
LITERATURVERZEICHNIS	254

VORWORT von PAT MORROW

Seit ich mich erinnern kann, waren die Berge eine Inspiration für meine Kamera und Quell für meine Lebenskraft.

Aufgewachsen in den kanadischen Rocky Mountains fühlte ich mich, auch aufgrund meiner Liebe zum Jagen und Angeln, immer mehr zu den Bergen hingezogen. Mit 16 Jahren entdeckte ich dann das Felsklettern, und meine gesamte Weltanschauung begann sich auf einmal zu verändern. Plötzlich betrieb ich einen höchst ernsthaften Sport, bei dem jeder Fehler meinen Tod bedeuten konnte.

Dabei waren die ersten Jahre vor allem von Risiko geprägt und davon, zu lernen, wie man in einer keinen Fehler verzeihenden Arena von immer höher werdenden Bergen überlebt. Mit jugendlicher Abenteuerlust genoss ich es, mich an immer höheren und schwierigeren Gipfeln zu versuchen. Als ich dann 1982, im Alter von 29 Jahren, zum Mount Everest aufbrach, hatte ich schon das Verlangen danach entwickelt, zu reisen und die Gipfel fremder Länder zu erklimmen.

Vier Jahre später hatte ich dann schließlich den jeweils höchsten Berg auf jedem der sieben Kontinente bestiegen. Mein Interesse wandte sich nun den Erfahrungen und der

Auseinandersetzung mit den einheimischen Leuten, die am Fuße dieser Berge leben, zu. Dieses Interesse ist mir bis heute erhalten geblieben und ich verbringe bis zu sechs Monate pro Jahr mit Kletter-, Rad-, Trekking- und Kanuexpeditionen in den entlegensten Regionen der Erde.

Wenn ich auf die Entwicklung im Klettern – speziell im „Seven Summits" Projekt – zurückblicke, so muss ich sagen, dass die größten Veränderungen seit den achtziger Jahren in den logistischen Möglichkeiten, zu den Bergen zu gelangen, stattgefunden haben.

Da es keinen kommerziellen Weg gab, den wohl entlegensten der sieben Gipfel, den Mount Vinson in der Antarktis, zu erreichen und zu besteigen, tat ich mich mit einigen Bergführerfreunden zusammen und wir gründeten Adventure Network International, eine Reise- bzw. Expeditionsfirma, die uns und andere Bergsteiger zum Fuße des Berges brachte. Im Falle des wohl politisch (und auch technisch) schwierigsten Berggipfels, der Carstensz-Pyramide auf West-Papua, waren politische Verhandlungen über zwei Jahre mit der indonesischen Regierung auf höchster Ebene notwendig sowie die Zusammenarbeit mit einem Klettererverein der Universität in Jakarta. Schließlich wurde ein Bewilligungssystem für Bergsteiger eingeführt, welches auch noch heute Gültigkeit hat.

Die Carstensz-Pyramide hat jedoch noch eine andere Bedeutung für mich. Da der höchste australische Gipfel, „Mount" Kosciuszko, nur eine halbe Stunde Gehzeit vom nächsten Skilift entfernt liegt, entschied ich mich für die Carstensz-Pyramide, welche am Scheitelpunkt Australiens liegt, als den „siebten Summit". Der Amerikaner Dick Bass, damals noch mit im Rennen um die Erstbesteigung der sieben Gipfel, gab sich mit dem „Halbgipfel" des Mount Kosciuszko zufrieden.

Ich wurde oft gefragt, welche der sieben Besteigungen die schwierigste war. Zurückblickend muss ich sagen, dass es sicherlich die damals neue Route, welche Bernhard Ehmann und ich an der Südwestflanke des Mount McKinley gewählt haben, gewesen ist. Technisch und körperlich äußerst fordernd, war es auch noch meine erste Klettertour in dieser Höhenlage. Damals, im Jahre 1977, musste ich erst lernen, wie ich mir meine Kräfte in einer sauerstoffarmen Umgebung einzuteilen habe.

Bis heute sind etwa 300 unerschrockene Seelen meinen Spuren am „Seven Summits"-Weg auf der Carstensz-Pyramide gefolgt. Wie von Wolfgang in diesem Buch beschrieben, war es der Österreicher Heinrich Harrer, bekannt durch seine sieben Jahre in Tibet, dem 1962 die Erstbesteigung der Carstensz-Pyramide gelungen war. Im Jahre 1990 hatte ich dann die Ehre, zusammen mit einem anderen Österreicher, Oswald „Bulle" Oelz, die Pyramide zum zweiten Mal zu besteigen. Nach Reinhold Messner und mir war Oelz somit der dritte Mensch, der alle „Seven Summits" bezwungen hatte.

Obwohl der Pioniergeist, der mich damals zu diesem „Seven Summits"-Spiel trieb, schon seit geraumer Zeit verlorengegangen ist, habe ich trotzdem das Gefühl, dass all diejenigen, die dieses Projekt in Angriff nehmen, mit einer gestärkten Wertschätzung für unseren Planeten daraus hervorgehen. Meine größte Hoffnung ist es aber, dass sie dadurch die Motivation finden, mitzuhelfen, naturbelassene Regionen in unserer schon schwer mitgenommenen Welt zu schützen – und wenn auch nur mit jenen bescheidenen Mitteln, die uns Bergsteigern zur Verfügung stehen.

Viel Spaß beim Lesen!

Pat Morrow

EINLEITUNG

„Es tut mir schon ein bisschen weh, aber es ist gut, aufzuhören". Worte, die ich mit Tränen in den Augen sprach. Soeben war das Race Across America (RAAM) 2007 zu Ende gegangen, ich war als Zweiter vom Rad gestiegen, um läppische fünf Stunden geschlagen vom Slowenen Jure Robic. Ich war ausgelaugt und todmüde, doch der seelische Schmerz, meinem Lieblingsrennen, jener Veranstaltung, die mich bekannt und auch ein bisschen berühmt gemacht hat, adieu zu sagen, war größer.

Dass ich nicht ewig Langstreckenrennen auf dem Fahrrad würde bestreiten können, war mir immer schon klar. Es ging jedoch darum, den richtigen Zeitpunkt des Abschieds zu finden. 2005 bestritt ich „Le Tour Direct", ein spannendes neues Rennen, das ich an zweiter Stelle beendete, das bedauerlicherweise organisatorisch nie richtig in die Gänge kam und das es heute schon gar nicht mehr gibt. 2006 befand ich mich bei der 24-Stunden-MTB-Weltmeisterschaft auf Aufholjagd an zweiter Position liegend, als ich schwer stürzte, mir Zahnverletzungen, Hautabschürfungen, Schlüsselbein- und Rippenbrüche zuzog. Zuerst schien eine Operation nicht notwendig. Mit einem Tornisterverband gewann ich vier Wochen nach meinem Unfall die 24 Stunden auf dem Nürburgring mit neuem Rundenrekord. Dann musste ich in den OP-Saal, weil die Knochen einfach nicht von alleine zusammenwachsen wollten. Ich hielt Vorträge und ich begann ein Studium zum Akademischen Mentalcoach in Bregenz.

E

Doch mit einer Saison, in der ein Horrorsturz das herausragende Erlebnis war, wollte ich meine radsportliche Karriere nicht beenden. So bereitete ich mich zwischen verschiedenen anderen Verpflichtungen erneut auf das RAAM vor und hatte dabei verschiedene Schwierigkeiten zu meistern. Denn an der Universität herrschte bei den zeitlich gebündelten Seminaren Anwesenheitspflicht; an diesen Tagen konnte ich entweder nur in der Früh oder über Mittag oder am Abend auf dem Ergometer oder im Laufschritt trainieren. Der Juni und der Start rückten immer näher...

Es wurde meine schwierigste Teilnahme. Rückblickend weiß ich, dass die gewonnenen Erfahrungen aus den vorangegangenen sieben Starts relevant waren, um 2007 überhaupt ins Ziel zu gelangen. Aufgrund von Nackenproblemen, die mir zuvor unbekannt waren, konnte ich nicht mehr erhobenen Hauptes fahren, sondern musste immer zu Boden blicken. Eine Halskrause half ein wenig, aber nicht viel. Meine Betreuer dirigierten mich über die Straße, so, wie man an den Fäden einer Marionette zieht. Ich war körperlich am Ende und geistig sowieso. Jeder Meter war der letzte meines Lebens beim RAAM. Mir war schon auf dem Rad zum Heulen, und dennoch: Es waren auch diese Gedanken, die mich vorantrieben. Du bist hier noch nie vom Rad gestiegen und du wirst es auch jetzt, bei deinem letzten Antritt, nicht tun.

Im Ziel erging es mir, wie es jedem von uns ergeht, wenn eine wichtige, erfolgreiche und schöne Lebensphase abgeschlossen wird, oder wenn wir etwas verlieren, was uns besonders wertvoll ist. Ich war berührt, ja: betroffen. Ich habe das RAAM gelebt und geliebt. Und jetzt war es vorbei. Zwei Tage nach meiner Rückkehr war ich wieder im Lehrgangskurs, am 25. August 2007 bestritt ich ein Rad-Wettrennen auf der Welser Trabrennbahn gegen ein Trabrennpferd (und gewann). Dann stellte ich das Rad in die Ecke und rührte es acht Monate nicht mehr an.

Ich kniete mich in mein Studium und setzte mich mit meinen zukünftigen beruflichen Möglichkeiten auseinander. Immerhin bot der akademische Lehrgang auch Stunden unter dem Titel „Zielgruppenfindung" an. Der dahinterliegende Gedanke war, Listen von potenziellen Kunden zusammenzustellen und zu erkennen, wo und mit wem ich arbeiten könnte. Irgendwie lag auf der Hand, dass ich neue, junge Extremsportler und

-sportlerinnen betreuen und coachen würde, und ich unternahm auch ernsthaft den Versuch, mein Wissen und meine Erfahrung (und mein Material) an andere weiterzugeben. Doch schnell erkannte ich, dass ich dies nicht wirklich wollte. Wenn ich coache, kann ich nicht das tun, was ich selbst will, sagte ich mir. Ich bin nicht der, der für andere etwas organisieren möchte.

In dieser Zeit der Orientierung kam ich erstmals auf die Idee, die „Seven Summits" zu besteigen. Berge haben mich immer fasziniert, aber ich habe sie zumeist nur aus der Sattelperspektive gesehen. 2001 hatte ich den Mount Everest erfolgreich bestiegen, dann aber bis 2007 keine weiteren Touren unternommen.

Es gab aber auch Argumente, die dagegen sprachen. Als Kind war ich Asthmatiker und musste zur Erholung öfters in Höhenluftkurorte, drei Mal erkrankte ich an schweren Lungenentzündungen und/oder Mittelohrentzündungen. Auch begann ich erst spät, die Welt zu erkunden. Bis zu meiner ersten RAAM-Teilnahme 1996 war ich höchst selten im Ausland unterwegs.

Und so stellte sich zusammen mit der Idee der „Seven Summits" auch gleich eine ganze Reihe von Fragen. Sind es überhaupt Berge, die ich mir zutrauen kann? Könnte meine ehemalige Krankengeschichte das Projekt gefährden? Bin ich bereit für eine Reise um die Welt? Was kostet eine Expedition, eine Besteigung eines Berges überhaupt, und was kostet die gesamte Tour?

Ich machte mich schlau, im Internet und in Büchern. Die „Seven Summits" erschienen allesamt machbar; in Fachkreisen werden in der Tat die „Second Seven Summits", also die zweithöchsten Berge eines jeden Kontinents, als bergsteigerisch anspruchsvoller charakterisiert. Der finanzielle Aspekt war jedoch nicht ohne. Allein die Besteigung des Mount Vinson in der Antarktis würde 25.000 Euro, ohne Ausrüstung, verschlingen, insgesamt waren wohl 100.000 Euro vonnöten. Doch die Sponsorensuche war von Erfolg gekrönt. Die Vertreter meines langjährigen Partners, das Unternehmen Wiesbauer, erklärten sich bereit, mit mir „in die Berge zu gehen", und weil ein Bekannter einen Bekannten kannte, der einen Freund des österreichischen Geschäftsführers von DHL Global Mail kannte, der ein begeisterter Bergsteiger war... Nun ja, so kam ich zu einem zweiten Sponsor und das Projekt war gesichert. Später gesellte sich auch noch das Sporthaus Intersport Eybl dazu, das eine eigene Outdoor- und Bergsteigerlinie kreierte: die „Seven Summits".

Es sollte eine runde Sache werden, die einen Anfang und ein Ende hatte. Dass ich mit dem Mount Everest den höchsten Berg von allen sieben 2001 bereits bestiegen hatte, erleichterte das Unternehmen. Nach Beendigung meiner Radsport-Karriere ging es mir nicht darum, etwas zu machen, was noch niemand zuvor gemacht hatte. Es ging mir darum, eine Herausforderung zu finden, die zu mir passen würde, wie beispielsweise die „Seven Summits", die bereits seit den 1970er und 1980er Jahren ein wichtiges Thema in der Bergsteiger-Szene sind. Mein Lebensmotto lautet, dass ohnehin für jeden genug Platz vorhanden ist, und wenn man eine Idee liebt, dann sollte man daran gehen, sie auch zu verwirklichen.

Ein Satz von Albert Einstein, den man sich vom großen Realistiker nicht erwarten würde, fiel mir ein: Vorstellungskraft ist wichtiger als Wissen. Ich münzte ihn (augenzwinkernd) auf meine Situation um. Es geht nicht darum, bergsteigen zu können, und dann bergsteigen zu gehen. Nein, es funktioniert andersrum. Ich konnte mir vorstellen, die „Seven Summits" zu besteigen. Also, nichts wie auf!

Ich sprach mit meinem Freund Günter Weixlbaumer, einem ehemaligen Sportkletterer, über die „Seven Summits", noch bevor ich meine Frau Doris damit konfrontierte. Sie war anfänglich nicht sehr begeistert, immerhin wurde unsere früher getroffene Vereinbarung – nie wieder in meinem Leben über 6000 Meter – aufgehoben.

Berge können gefährlich sein, gemachte Erfahrungen sind die Lebensversicherung. Mit dieser Einstellung und mit dem Wunsch, von den Besten zu lernen, widmete ich mich im Sommer 2008 der Kletterei. Ich nahm Bergführer-Stunden und erlernte Bergsteigen auf professionelle Art und Weise. Und einmal mehr beschritt ich meinen eigenen Weg, indem ich keinen Kurs absolvierte, sondern Privatstunden nahm. Die Experten verstanden mein Anliegen und meine Fähigkeit, gewisse Dinge auch länger als andere zu machen.

Nichts war zu vergleichen mit meiner Expedition auf den Mount Everest, den ich in bester Sportlermanier erledigte: Training, Wettkampf, Heimkehr. Nun änderte sich meine Einstellung zu den Bergen. Ich begann Bergbücher zu lesen, Entscheidungen nachzuvollziehen, wieso die eine und nicht die andere Route zu wählen sei, Kompetenz aufzubauen.

Es war nicht notwendig, das Rad neu zu erfinden. Doch es war mir klar, dass die „Seven Summits" ein von Individualismus getragenes Projekt waren, mein persönliches Rad quasi. Ich wollte mich aber nicht blamieren, und ich wollte auch nicht auf einen Berg hinaufgezogen werden. Ich, der Langstreckenradfahrer, wollte alle Berge auch tatsächlich besteigen.

Kommerz am Berg

Andere waren und sind bessere Bergsteiger als ich. Es liegt mir fern, mich einzureihen in die Liste von Größen wie Reinhold Messner oder Heinrich Harrer. (Umso größer ist für mich die Freude, im vorliegenden Werk einige Bergsteiger vorstellen und porträtieren zu können, Bergsteiger, zu denen ich aufblicke und die in gewisser Art und Weise zu meinen Vorbildern geworden sind. Es sind die Pioniere des 19. und 20. Jahrhunderts, auf deren Spuren ich Richtung Gipfel stapfen darf.) Ich kann und will niemandem die Berge erklären, weil ich der Meinung bin, dass jeder seine eigenen Erfahrungen damit sammeln muss. Bei mir hat es relativ lange gedauert, bis Berge zu meiner Leidenschaft geworden sind. Doch jeder entwickelt sich im Laufe seines Lebens, steckt sich höhere Ziele, stellt sich größeren Herausforderungen, sieht höhere Gipfel zu erklimmen. Auch mir war und ist es möglich, Berge zu besteigen. Ungern höre ich Worte wie „Gipfelsturm", „den Berg bezwingen", „den Berg besiegen". Der Berg ist mein Freund, ich bringe ihm Zuneigung, Respekt und Ehrfurcht entgegen, wie ich es auch jedem anderen Freund entgegenbringe. Ich entwickle Leidenschaft und Liebe zu ihm, die ich auch in einer zwischenmenschlichen Beziehung entwickle. Einen Berg besiegen? Kennen Sie einen Berg, der umgefallen ist? Ich nicht. Die Berge stehen seit Jahrtausenden und werden auch dann noch stehen, wenn es uns nicht mehr gibt.

Meine Philosophie ist, dass es schön in den Bergen ist und, dass jeder Mensch das Recht hat, sie zu entdecken. Berge sind für alle da. Eine ganze Reihe von Unternehmen und Agenturen erleichtern die Planungen, kümmern sich um Transport, Logistik und Bergführer. Das ist an sich nicht verwerflich, ganz im Gegenteil. Allerdings habe auch ich persönlich die Erfahrung gemacht, dass zuweilen zu leichtfertig mit den Anmeldungen umgegangen wird. Wir müssen uns vor Augen halten, dass es um die Sicherheit von Menschen und von gesamten Expeditionen geht. Diese beginnt bei der Eigenverantwortung und bei der Selbsteinschätzung. Ich muss mir bewusst werden, welche Kategorie von Berg zu mir und meinen Möglichkeiten passt. Wenn ich in höheren Lagen wandere, darf ich nicht glauben, so nebenbei auch auf den Mount Everest steigen zu können.

Und dennoch finden sich ab und zu Personen in kommerziellen Expeditionen, die nicht ohne Fixseil im Gelände gehen können, die sich nicht selbst die Steigeisen anlegen können, die mit dem Einsatz des Eispickels oder von Sicherungstechniken nicht vertraut sind, oder die ganz einfach konditionell nicht in der Lage sind, die geforderten Schwierigkeitsgrade zu bewältigen. Es sind die so genannten Einzahler; sie finanzieren die Gruppe, glauben, den Gipfel erreichen zu können und schaffen es zumeist nicht. Frank Wells, Begleiter von Dick Bass, war ein solcher. Meine Situation im Jahr 2001, als es auf den Mt. Everest ging, war eine ähnliche. Einerseits kaufte auch ich mich in die Gruppe ein, andererseits war ich aber auch sehr gut trainiert, hatte mich speziell auf die Besteigung vorbereitet und schaffte es bis ganz hinauf.

Reinhold Messner beschreibt die Problematik des Kommerzes am Berg in seinem Buch „Mallorys zweiter Tod" eindrucksvoll. Er sagt, dass alle wissen, was der Mount Everest kostet, dass es Animation im Basislager, Führung beim Aufstieg, Hochlagerkoch und Verpflegung gebe, alles inklusive. „Auch die vollen Titanflaschen mit Sauerstoff am Gipfelgrat sowie Leitern bzw. Fixseile haben ihren Preis. Alle nennen für den Gipfel der Welt also einen Preis, und niemand kennt seinen Wert!"

Berge reduzieren dich auf ein Minimum. Da draußen bist du mit 20 Kilogramm Gewichtslimit unterwegs und kommst damit auch wochen- oder monatelang durch. Aber wenn ich in Österreich für ein Wochenende zu einem Wellness-Urlaub fahre, sind zwei volle Koffer mit ebenfalls 20 Kilogramm Gewicht mit dabei.

Berge bergen Risiken. Diese auszublenden endet oftmals fatal. Die Liste der Unfälle und Todesfälle ist lang. Das ist beim Race Across America vergleichsweise einfach. Ich kann das Rennen aufgeben und vom Rad steigen. Mehr noch: Die Ziellinie ist die Ziellinie. Punkt, aus. Ich bin nicht gezwungen, nochmals zurückzufahren zum Ausgangspunkt, weil dort mein Kleidersack liegt. Aber haben Sie jemals davon gehört, dass man inmitten einer Bergtour einfach aufhören kann? Oder dass man vom Gipfel nicht absteigen muss – man hat ja das Ziel erreicht? Der Gipfel des Berges ist nur Halbzeit.

Den Weg zurück ins Tal erspart dir keiner. Auch der Berg, dein Freund, nicht.

Die 7 Summits von Dick Bass
(USA/geboren am 21.12.1929)

Aconcangua	21.01.1983
Denali-Mount McKinley	06.07.1983
Kilimandscharo	01.09.1983
Elbrus	13.09.1983
Mount Vinson	30.11.1983
Mount Kosciuszko	31.12.1983
Mount Everest	30.04.1985

Die 7 Summits von Pat Morrow
(CAN/geboren am 18.10.1952)

Kilimandscharo	05.02.1972
Denali-Mount McKinley	09.06.1977
Aconcangua	09.02.1981
Mount Everest	07.10.1982
(Mount Kosciuszko	01.09.1983)
Mount Vinson	19.11.1985
Carstensz-Pyramid	07.05.1986
Elbrus	05.08.1986

BASS vs. MORROW

„Bass, your hot air won't get you up that mountain"

(Bergführerin Marty Hoey zu Dick Bass,
als dieser ihr eröffnete, auf den
Mount McKinley steigen zu wollen)

Anfang der 1980er Jahre waren, sagen wir: alle Berge dieser Welt bestiegen. Der Südtiroler Reinhold Messner stand kurz davor, als erster Mensch alle 14 Achttausender zu bezwingen. Die Japanerin Junko Tabei war die erste Frau auf dem Mount Everest. Die großen Nordwände der Alpen: durchstiegen. Die Annapurna-Südwand: durchstiegen. Herausforderungen gab es immer noch zur Genüge: eine neue Route da, ein neuer Kamin dort. Aber etwas tatsächlich Neues und Exklusives war nicht in Sicht.

Und sicherlich schien keine neue bergsteigerische Herausforderung von einem Texaner namens Dick Bass zu kommen. Der 1929 in Tulsa, Oklahoma, geborene Amerikaner hatte bis zu seinem 50. Lebensjahr kaum Sport betrieben – „Aus-dem-Bett-klettern war meine einzige Aktivität, die mit dem Klettern zu tun hatte", sagte er einmal. Doch im Januar 1983 bestieg Bass den Aconcagua und wollte auf den Mount McKinley. Von der sich zuerst weigernden designierten Bergführerin Marty Hoey wurde der Unternehmer, der mit Öl und Gas reich wurde und mit dem Aufbau des Skiressorts Snowbird in Utah mehrfach am Rande des Ruins stand, abgekanzelt: „Deine heiße Luft, dein Geschwätz, bringt dich da nicht rauf."

Bass' Ehrgeiz war erwacht. Er wollte Hoey beweisen, dass er alles konnte, was auch sie konnte – auch bergsteigen. Er trainierte für den höchsten Gipfel Nordamerikas und bestieg ihn am 6. Juli 1983. Tage später kam ihm die Idee, alle „Seven Summits" zu erklimmen, wobei er von politischer Perspektive ausging und den Mount Kosciuszko als höchste Erhebung Australiens definierte.

Falsch ist die gängige Meinung, dass Bass im Geld schwamm; zur Zeit seines Projekts hatte er bis zu 45 Millionen US-Dollar Schulden: Jeder Cent floss in sein Herzensprojekt Snowbird. Dass auch Frank Wells, damaliger Präsident der Warner Brother Studios in Hollywood, auf die höchsten Berge der Kontinente wollte, erleichterte seine Unternehmungen. Zusammen liehen sie sich Geld, wurden gefördert oder fanden Sponsoren.

Während Bass am 30. April 1985 mit der Besteigung des Mount Everest seine „Seven Summits" vollendete, starb Wells bei einem Hubschrauberunfall 1994; zu diesem Zeitpunkt fehlte ihm nur mehr das „Dach der Welt".

Im Februar 1981 lag ein 29-jähriger Kanadier am Fuße des Aconcagua in seinem Zelt und diskutierte mit seinem Bergkameraden Gordon „Speedy" Smith darüber, dass ja die Besteigung der „Seven Summits" ein lohnendes Ziel sein könnte. Den Mount McKinley hatte der Bergsteiger und Fotograf schon 1977 bestiegen, der Mount Everest war für 1982 geplant.

Und so kam, was kommen musste. Obwohl beide Protagonisten, Bass und Morrow, ihr Unternehmen als interessanten Spaß betrachteten, machten die Medien ein Rennen daraus –

so, wie sie auch ein Rennen zwischen dem Südtiroler Reinhold Messner und Jerzy Kukuczka (Polen) oder zwischen Oh Eun-Sun (Südkorea), Edurne Pasaban (Spanien) und Gerlinde Kaltenbrunner (Österreich) inszenierten.

Da sich Morrow zuerst als Kletterer, dann erst als (Berge-) Sammler sah, wählte er als höchste Erhebung Australiens die Carstensz-Pyramide, die politisch zwar zu Indonesien und somit Asien gehört, geographisch aber auf der australisch-ozeanischen Platte liegt. Allerdings benötigte der Kanadier zwei Versuche in zwei Jahren, um überhaupt an den Fuß der Carstensz-Pyramide zu gelangen. Deswegen beendete Morrow seine „Seven Summits“ erst 15 Monate nach Dick Bass, am 7. Mai 1986.

Auch wenn diese beiden Persönlichkeiten den Begriff der „Seven Summits“ kreierten bzw. die ersten und wichtigsten Repräsentanten waren, so können andere Namen nicht übergangen werden. Weil die Besteigung der 14 Achttausender dermaßen im Vordergrund stand, realisierte man nicht (oder sehr spät), dass sich auch Reinhold Messner mit den verschiedenen Problematiken der „Seven Summits“ befasste und diese (mit der Carstensz-Pyramide, deshalb „Messner list“) 1986 komplettierte. Fast gänzlich in Vergessenheit geraten ist Naomi Uemura; der Japaner hatte fünf der sieben Gipfel bereits erklommen, als sich seine Spuren im Februar 1984 am Mount McKinley verloren.

Bis Januar 2010 haben rund 280 Bergsteiger weltweit die „Seven Summits“ bestiegen, darunter knapp zehn Österreicher: Oswald Oelz (der Vorarlberger wechselte die Staatsbürgerschaft und wird als erster „Seven Summits“-Schweizer geführt, ist aber in der Zwischenzeit wieder Österreicher),

Walter Laserer, Christian Stangl (bestieg alle sieben Berge/ mit Carstensz zwischen 2002 und 2007 in einer Gesamtzeit ab dem Basislager von 58 Stunden und 45 Minuten), Geri Winkler, Wolfgang Fasching, Walter Treibel, Theo Fritsche und Robert Miller. Diese Liste erhebt allerdings keinen Anspruch auf Vollständigkeit.

Seven Second Summits

Die zweithöchsten Berge der sieben Kontinente gelten als technisch anspruchsvoller als die höchsten. Es sind dies der Batian (5199 m) in Afrika, der Mount Tyree (4852 m) in der Antarktis, der K2 (8611 m) in Asien, der Puncak Trikora (4750 m) in Australien/Ozeanien, der Dychtau (5204 m) in Europa, der Mount Logan (5959 m) in Nordamerika und der Ojos del Salado (6893 m) in Südamerika.

Durch aktuelle Messungen sind ältere Höhenangaben ohnehin fraglich geworden. Doch diese Problematik gibt es nicht nur zu Beginn des 21. Jahrhunderts, sondern auch in den 1980er Jahren. Als nämlich Dick Bass von seiner Everest-Expedition zurückgekommen war und er somit die „Seven Summits" bestiegen hatte, erhielt er ein Telefonat von seinem Weggefährten Frank Wells. „Besser, du setzt dich. Ich habe gerade gehört, dass die Berge der Antarktis neu vermessen werden. Mount Vinson wurde bereits vermessen, er ist geschrumpft. Derzeit ist Mount Tyree höher, die finale Antwort werden wir in einigen Monaten wissen."

Sowohl Dick Bass wie auch Pat Morrow charterten Flugzeuge Richtung Patriot Hills für den Fall der Fälle. Doch als Dick Bass am 4. August 1985 sein „Seven Summits"-Bankett auf dem Hidden Peak oberhalb von Snowbird gab, mit dem Utah Symphonie Orchester und einem 150 Mann starken Chor, kam die Entwarnung. Die Nachmessungen ergaben, dass Mount Vinson weiterhin höher als Mount Tyree war – um 45 Meter.

Kenia
Tansania

1

Geographische Breite: 3°4' S
Geographische Länge: 37°22' O

KILIMANDSCHARO

in Tansania, Afrika

Höhe: 5895 Meter
Geologische Lage: Kilimandscharo-Massiv am Rande des Ostafrikanischen Grabens
Maximale Länge und Breite: 80 km/60 km

Erstbesteigung: 6. Oktober 1889
Erstbesteiger: Ludwig Purtscheller (Österreich), Hans Meyer (Deutschland), Yohani Kinyala Lauwo (Kenia)
Routen: Machame, Machame/Breach, Marangu, Umbwe/Breach, Umbwe/Machame, Lemosho (Shira)/Breach, Lemosho (Shira)/Machame, Rongai/Loitokitok

Bestiegen beim zweiten Versuch am 2. September 2008 zusammen mit Paul Resch und dessen Tochter Elisabeth, über die Marangu-Route

Meine Rückschläge waren die größten Fortschritte.
(Henry Ford)

KILIMANDSCHARO
5895 Meter

1

„Wir sahen die Berge von Dschagga immer deutlicher, bis ich den Gipfel von einem derselben, mit einer auffallend weißen Wolke bedeckt, zu sehen glaubte. Es wurde mir ebenso klar als gewiss, dass dies nichts anderes sein konnte als Schnee." Dies schrieb der schwäbische Missionar und Geograph Johann Rebmann, nachdem er vor rund 160 Jahren, 1848, den höchsten Berg Afrikas zum ersten Mal zu Gesicht bekam. Der Deutsche hatte sich in Mombasa einer Karawane angeschlossen. Die Eingeborenen hatten ihm erzählt, dass der Berg von Dschins, von bösen Geistern, bewohnt sei, und mit dieser Sage lässt sich auch der Name erklären: Kilima Ndscharo bedeutet auf Suaheli „Berg des bösen Geistes". Diese Geister würden einen Schatz aus Silber bewachen, Menschen durch den Zauber eines weißen Pulvers erstarren lassen, und wer dennoch das Silber in seine Hände bekäme, würde lediglich Wasser zu Tale transportieren.
Der Umstand, dass Rebmann unter Kurzsichtigkeit litt, war der Aufklärung der Legende des Kilimandscharo nicht gerade förderlich. Von vielen, unter anderem auch von Alexander von Humbold, wurde angezweifelt, dass es in Äquatornähe Schnee geben könne. Doch Rebmanns Beschreibungen hatten auch eine Reihe von Expeditionen zur Folge. 1862 kamen der deutsche Baron Karl Klaus von der Decken und Otto Kersten bis auf 4316 m. 1871 erreichte der Brite Charles New die Firngrenze und wurde zwei Jahre später bei einem erneuten Besteigungsversuch von den Einheimischen erschlagen. Und am 6. Oktober 1889 erreichten der deutsche Geograph Hans Meyer und der österreichische Bergsteiger Ludwig Purtscheller als erste Europäer zusammen mit dem kenianischen Führer Yohani Kinyala Lauwo den Gipfel. Es war Meyers dritter Anlauf. 1887 war er auf 5500 m gescheitert, 1888 wurde er gefangen genommen. Meyer schreibt: „Sie schlugen uns nieder, legten uns in Ketten und misshan-

delten uns; bis der Araberscheich Buschiri sich endlich dazu verstand, uns gegen ein hohes Lösegeld freizugeben..."
Von 1885 bis 1918 befand sich Tansania mit anderen afrikanischen Ländern unter deutscher Herrschaft (Deutsch-Ostafrika), der Kilimandscharo war somit größter Berg im Kaiserreich Deutschland – und er wurde Kaiser-Wilhelm-Spitze getauft. Nach dem Ersten Weltkrieg wurde Tansania Teil des Commonwealths, und erst 1961, nachdem die Unabhängigkeit erreicht worden war, wurde der Name des Gipfels in Uhuru Peak umgetauft. Uhuru ist Suaheli und bedeutet „Freiheit". Richtig durchgesetzt hat sich dieser Name allerdings nicht – die ganze Welt kennt den Berg lediglich als Kilimandscharo.

1989 wurde der Kilimandscharo zur 100-Jahr-Feier der Erstbesteigung von der UNESCO zum Weltkulturerbe ernannt; unter besonderen Schutz wurden seine drei erloschenen Krater Kibo, Mawenzi und Shira gestellt. Vier Jahre später wurden alle Abenteuersportarten – Gleitschirmfliegen, Mountainbiking, Motorradfahren usw. – am Kilimandscharo verboten.

Kilimandscharo, erster Versuch

Es sind richtig anstrengende Tage, jene im Februar 2008. Mein „Seven Summits"-Projekt steht, ist finanziell abgesichert, wird eine tolle, runde Sache. Doch vielleicht bin ich mit zu wenig Demut, zu wenig Respekt vor den kommenden Aufgaben unterwegs. Am Abend noch einen Vortrag in Waidhofen an der Ybbs, um Mitternacht nach Hause nach Oberösterreich, mit den Gedanken bereits auf der Autobahn Richtung München, von wo um 7 Uhr mit KLM und via Amsterdam mein Flug nach Afrika startet.

1

Afrika kannte ich bis zu diesem Zeitpunkt nur aus Filmen und Büchern. „Schnee auf dem Kilimandscharo" von Ernest Hemingway war mir geläufig. Mit dem Berg selbst hatte ich mich aber auseinandergesetzt und schnell erkannt, was bekannt ist: leicht zu bewältigen, keine schweren Stellen, eine Wanderung in Höhenlage. Er sollte kein Problem für mich darstellen, aber nochmals: Der Kilimandscharo ist der höchste freistehende Berg der Welt, und er steht mitten im schwarzen Kontinent, an der Grenze zu Kenia und Tansania. Und ich war noch niemals in Ägypten oder Tunesien oder noch südlicher gewesen – einen Urlaub auf den Seychellen kann man ja nicht unbedingt anführen, um Kompetenz zu unterstreichen, wenn über Afrika gesprochen wird.

Im Flugzeug gehen meine Gedanken mit mir durch. Ich bin allein unterwegs, sage ich mir, ich verstehe die Sprache nicht, der Menschenschlag ist mir unbekannt, die politischen Unruhen in Kenia sind zwar im Abklingen, aber wer weiß das schon so genau. Mein Grübeln verstärkt sich mehr und mehr und endet in einem Stoßgebet: Wenn das nur gut geht! Wie gerne hätte ich eine Mannschaft um mich herum, so wie bei meinen Non-Stop-Rennen auf dem Rad, wie gerne wäre ich jetzt in einer Gruppe. Doch weil ich niemanden gefunden habe und ich endlich mit der Bergsteigerei beginnen wollte, habe ich mir gedacht: Dann machst du es eben allein, für dich, der Kilimandscharo ist ohnehin ein leichter Berg – mach' dir nicht allzu viele Sorgen!

Ich lande in Nairobi und darf die Transitzone bis zum Weiterflug in sechs Stunden nicht verlassen. Es ist heiß und ungemütlich in diesem Saal, die Klimaanlage funktioniert nicht und auch Wasser gibt es keines. Als es endlich weitergeht

Richtung Kilimandscharo Airport, hege ich bereits den Verdacht, verkühlt zu sein.

Der Flughafen liegt auf halbem Wege zwischen Moshi und Arusha, Städte mit rund 150.000 bzw. 350.000 Einwohnern. Doch auch nach der Landung verbessert sich meine Stimmung nicht – ganz im Gegenteil. Das Gepäck ist nicht mitgekommen, ich bin einer von vielen, die in das „Lost & Found"-Büro müssen. Anschließend suche ich meinen Chauffeur und besteige den Wagen nach Marangu mitten in der Nacht, alleine, ohne meine Berg-Ausrüstung. Das Fenster des Autos ist offen, es ist schwül und düster und noch düsterer sind meine Gedanken: Was, wenn ich nun wirklich krank werde? Was, wenn mir hier etwas zustößt?

Bevor erste Anschuldigungen laut werden, sei ein Einwand gestattet. Ich bin kein Rassist. Meine Freunde und Bekannten leben auf der ganzen Welt. Ich schätze und respektiere jeden Menschen, weil jeder einzigartig und wertvoll ist. Und dennoch gebe ich zu, dass der Wolfgang Fasching, der gerade in einem Taxi 100 Kilometer über hügelige Schotterwege durch Tansania gefahren wird, nicht ganz vorurteilsfrei ist. Angst haben ist keine Schande. Es ist die Angst, die uns vorsichtig in unseren Gedanken und bedächtig in unseren Handlungen werden lässt.

Ich weiß nicht, ob mein Aufatmen hörbar ist, als wir am Eingang des Ressorts ankommen. Hohe Gitter und Wachen mit Gewehren vermitteln den Eindruck von Sicherheit, fast Geborgenheit. Das Hotel ist nett, wenn auch hundertfach überdimensioniert, das Zimmer in Ordnung – und das Bett muss phantastisch gewesen sein, denn ich schlafe und schlafe. Am nächsten Tag, beim Treffen mit dem Bergführer, habe ich schon 39 Grad Celsius Fieber, bin appetitlos und apathisch. Hektisch habe ich die Expedition begonnen, nun bekomme ich die Rechnung präsentiert. Ich bin krank.

Mein Zustand verändert sich nicht. Ich bin seit zwei Tagen ans Bett gefesselt, gestresst, immer noch ohne Gepäck und will nur noch heim. Der erste Schritt dazu: raus aus dem Ressort und zurück nach Moshi. Im Büro, in dem meine Rückreise organisiert wird, essen die Angestellten das Fleisch mit den Fingern und greifen dann wieder zu den Papieren: Alles ist so neu und ungewohnt hier, verstärkt wird das Gefühl der Fremde und Einsamkeit durch Defizite in der sprachlichen Kommunikation. Ich spreche nicht die Sprache des Landes; sie sprechen natürlich nicht die meine; und wir alle behelfen uns mit jenem Englisch, das wir eben können.

Meine Frau Doris ist es letztlich, die mir einen Flug organisiert – dies ist leichter von zu Hause aus als dort vor Ort, besonders dann, wenn der Dialog unter den Menschen schwierig ist und mir die technologischen Hilfsmittel nicht zur Verfügung stehen. Ich atme auf – und muss doch wieder warten. US-Präsident George Bush ist gerade in der Gegend, und für hohen Staatsbesuch wird alles getan: Beispielsweise für einen Tag die Straßen sperren oder den gesamten Strom abdrehen.

Das war's also. Fünf Tage nach meiner Ankunft stehe ich wieder am Flughafen und weiß, dass ich die nächsten Einheiten meines Universitätslehrgangs für Mentalcoaching in Bregenz werde besuchen können. Eigentlich hätte mein Abenteuer in Afrika zwölf Tage dauern müssen. Drei Tirolern falle ich fast um den Hals; sie haben den Mount Kenia und den Kilimandscharo bestiegen und sind nun auf der Rückreise. Sie haben mich erkannt: das freut und das ehrt mich, doch andererseits getraue ich mich fast nicht, ihnen meine Geschichte zu erzählen. Da will ich die „Seven Summits" besteigen und dann fahre ich ohne den Kilimandscharo erklommen zu haben wieder nach Hause. Schon sonderbar, oder?

Mein Gepäck wird mir zwei Wochen nach meiner Rückkehr zugestellt. Ich nehme den Rucksack entgegen und weiß schon längst, dass es kein guter Start in meine „Kampagne der Berge" war. „Werde ich eben nochmals nach Afrika fliegen", sage ich zu Doris, und trotz des Misserfolgs weiß ich, in den zurückliegenden Tagen für mich persönlich viel gelernt zu haben. Beispielsweise, dass man im Leben nichts erzwingen kann, schon gar nicht, wenn man nur oberflächlich bei der Sache ist. „En passant", „im Vorübergehen" ist ein Spielzug im Schach, und „im Vorübergehen" funktioniert nur auf diesen 64 Feldern. Im täglichen Leben hingegen ist Tiefe gefragt, Verweilen im Hier und Jetzt, tatsächliche Auseinandersetzung mit der Aufgabe. Und wenn ich heute an diese am eigenen Leib erfahrenen Erkenntnisse denke, bin ich wirklich froh, sie gemacht zu haben!

Von meinen radsportlichen Extremrennen her bin ich es fast gewohnt, einen nicht so guten Start zu haben. Das war bei meinen vielen 24-Stunden-Wettbewerben oder bei einigen Race-Across-America-Bewerben so: ein nervöser Vorstartzustand führte meistens sofort in eine Schwächephase, die das Projekt gefährdete. Doch was ich auch jedes Mal erlebt habe, ist, dass nach jedem Tief auch wieder ein Hoch kam. Deswegen war ich weiter nicht besorgt, dass mein „Seven Summits"-Projekt gleich zu Beginn einen Rückschlag erlitten hatte. Aber warum hatte ich es nicht geschafft?

1

Respekt!

Respekt ist ein Kraftwort in meinem Leben und ist es auch bei wichtigen Projekten wie einem Race Across America oder den „Seven Summits". Was ich bei meinen beiden Afrika-Reisen gelernt habe, ist, die Einzigartigkeit des Menschen aus vollem Herzen zu respektieren. Wir sind alle verschieden, sieben Milliarden Lebewesen, und keines dem anderen gleich. Ich habe gelernt, fremde Länder, ihre Sitten und Gebräuche anzuerkennen: nicht nur am Fuße des Kilimandscharo, auch in West-Papua oder in Nepal. Überall. Was in europäischen Breiten oft selbstverständlich ist, gehört sich dort vielleicht nicht – und umgekehrt.

Für mein Projekt galt auch: Respekt vor dem Berg. Der Kilimandscharo ist der einfachste in der Kategorie der „Seven Summits" (nach der Liste Messner; nach der Liste Bass würde diese Ehre dem Mount Kosciuszko in Australien zufallen). Jährlich machen sich Abertausende von Menschen auf, ihn zu besteigen – und dennoch scheitern jährlich über 50 Prozent an ihm. Die Frage nach dem Warum ist für mich schnell beantwortet: weil der Respekt vor dem „Haus der Götter" fehlt. Lediglich die Höhe ist ein limitierender Faktor. Alles andere ist eine mehrtägige, anstrengende Wanderung. Doch wer sich nicht akklimatisiert, wer glaubt, dass dies ein Dauerlauf zum Gipfel ist, wer mit ungeeignetem Material unterwegs ist, der wird scheitern – an der eigenen Überheblichkeit und aufgrund von Mangel an Respekt.

Mir liegt es fern, an dieser Stelle auf andere zu zeigen und zu sagen: ha, ihr schafft es nicht – ich habe es im ersten Anlauf nämlich auch nicht erreicht, dort oben am Uhuru Peak zu stehen. Respekt vor einem Unternehmen, einer Reise, einer

Bergbesteigung muss immer gegeben sein – egal, wie einfach die Sache auch aussehen mag. Dinge können nicht auf die leichte Schulter genommen werden, nur aufgrund einer Annahme oder aufgrund der Tatsache, dass sie ja viele, viele andere zuvor auch erledigt hätten. Denn ebenso, wie Berge nicht miteinander vergleichbar sind, sind auch die Besteigungen ein und desselben Gipfels miteinander nicht vergleichbar.

Der Berg ist Dein Freund!

Kilimandscharo, zweiter Versuch

„Und somit schenken wir Dir, lieber Paul, für all Deine Bemühungen rund um das traditionelle Radkriterium in Wels, eine Reise zum Kilimandscharo". Paul Resch staunt nicht schlecht ob der Geste des Welser Radsportvereins, dessen Vorsitzender ich 2008 bin, und wir alle wissen: Die Überraschung ist uns gelungen. Immerhin ist sie von langer Hand gemeinsam mit Pauls Frau Elvira vorbereitet. Denn im Vorfeld mussten wir ja abklären, ob der Gründungschef der Bäckerei/Konditorei Resch & Frisch gesundheitlich und konditionell in der Lage sei, auf knapp 6000 m zu steigen. Er kann, und nicht nur er, sondern auch seine Tochter Elisabeth, die gerade ihr Studium beendet hat, wird mich begleiten.

Mit vertrauten Personen in meiner Nähe trete ich schon gelassener die zweite Reise nach Tansania an. Ich habe die Lehren aus meiner ersten Expedition gezogen: Wir fliegen direkt, und nicht mit einem Zwischenstopp über Kenia. Die Fahrt nach Marangu ist mir wohlbekannt, in der Dämmerung erreichen wir das Hotel. Doch noch wichtiger ist, dass ich mich wohl fühle und voller Tatendrang bin.

1

Den darauf folgenden Tag nehmen wir uns frei, besuchen das völkerkundliche Museum im Ressort, treffen uns mit unserem Führer Safir zu einer ersten Besprechung. Es gibt viele Fragen – was wir mitnehmen sollen, welches Schuhwerk angebracht ist, ob es oft regnen wird. Dazwischen speisen wir in einem überdimensionierten Saal, der Platz für 200 Personen bietet, aber lediglich von einem halben Dutzend Menschen belegt ist. Auch Paul Resch, ein erfolgreicher Unternehmer mit Macherqualitäten, ist fasziniert von einer scheinbaren Konstanten der afrikanischen Kultur: der Langsamkeit.

Was den Kilimandscharo und sein Vulkanmassiv so einzigartig macht, ist der Umstand, dass der Anstieg durch alle Arten der Vegetation und mehrere Klimazonen führt. Die Wanderung geht über vulkanisch fruchtbare und bewaldete Böden, die teilweise als Ackerland genutzt werden (bis 1800 m), geht dann über in einen Regenwald (bis 2800 m), in dem unter anderen ein nach dem Berg benanntes Springkraut gedeiht, die Impatiens kilimanjarica. Wenn diese Grenze überwunden ist, steigt man in einer Steppenheide von ca. 3000 m auf 4000 m auf; sie wird auch afroalpine Stufe genannt. Eine Hochlagenwüste liegt auf den nächsten tausend Höhenmetern, und hier kommt es zu großen Temperaturschwankungen zwischen Tag und Nacht. Über 5000 m geht es über Lava- und/oder Eis-Wüsten hinauf zum Gipfel.

Wir registrieren uns am Eingang des Parks, bekommen unsere Genehmigungen und können uns auf den Weg nach oben machen. Wir, das sind nicht nur Paul, Elisabeth und ich, sondern auch elf weitere Personen, darunter der Führer, dessen Assistent, Koch und Kellner und die Träger. Sie werden mit einem Pauschalpreis und mit Taschengeld entlohnt und sorgen dafür, dass der Aufstieg möglichst komfortabel vonstatten geht.

Während das Gros der Gruppe vorauseilt, um den Dingen in den einzelnen Lagern die richtige Ordnung zu geben, weicht Safir, unser Führer, wie ein Schatten nicht von unserer Seite. Und wie ein Schatten schweigt er auch und spricht nur, wenn er gefragt wird.

Unterwegs sind wir auf der touristischen Marangu-Route, die deshalb auch „Coca-Cola-Pfad" genannt wird. Es ist der einzige Weg nach oben, bei dem in Lodges – Mandara Hut, Horombo Hut und Kibo Hut –, in Holzhütten, die bis zu vier Personen Platz bieten, übernachtet wird, und nicht in Zelten. Komfort wird keiner geboten, und – irgendwie logisch – geputzt wird auf dieser Höhe auch nicht sehr oft. Die Begleiter versuchen indes alles, uns das Leben so angenehm wie möglich zu machen – indem sie sich beispielsweise in der Früh mit ein, zwei Liter Wasser anbieten: „Hot water for washing".

Die Marangu-Route wird immer wieder als überlaufen charakterisiert; angeblich wählen 90 Prozent der Kili-Besteiger diesen Weg. Diese Erfahrungen und Zahlen kann ich nicht bestätigen. Zwar begegnen wir immer wieder anderen Gruppen, doch bei den gewaltigen Dimensionen des Berges und den unterschiedlichen Geschwindigkeiten kommt es nicht zu einem Gänsemarsch.

Die Tagesmärsche dauern zwischen fünf und sieben Stunden, stellen also kein Problem dar. Mir macht mehr der Umstand zu schaffen, dass die Sonne am Äquator sehr schnell untergeht und es um sieben Uhr abends bereits dunkel ist. Alle betten sich zur Ruhe – das ist hart für jemanden, der es gewohnt ist, lange aufzubleiben. Froh bin ich also, meinen akkubetriebenen I-Pod dabei zu haben, auf dem Musik, Hörbücher, Motivationsvorträge usw. gespeichert sind. Übrigens: dieses kleine, leichte Gerät hat auch alle „Seven Summits“ erreicht!

In vier Etappen, inklusive eines Akklimatisationstages auf 3700 m bei der Horombo Hut, wandern wir bis auf 4700 m. Diese Höhe erreichen wir am Nachmittag des 1. September, und wir alle spüren, dass die Luft schon dünner ist. Eine gewisse Nervosität setzt ein, denn der Gipfeltag beginnt in wenigen Stunden.

Los geht es um zwei Uhr in der Früh. Ein Schotterweg führt zum Gilman's Point auf 5685 m Höhe, und wer es bis hierher geschafft hat, gilt als Besteiger des Kilimandscharo. Für mich ist klar, dass ich den Uhuru Peak (5895 m) erreichen muss, für Paul und Elisabeth weniger. So mache ich mich zuerst alleine mit Safir auf den eineinhalbstündigen Gipfelmarsch rund um den Krater.

Und dann stehe ich auf dem höchsten Punkt Afrikas. Eine Holztafel ist als markantes Zeichen angebracht. Es ist windig, doch ein schöner Tag mit einer beeindruckenden Fernsicht hinunter nach Tansania und Kenia, hinunter auch zum Mount Meru, der rund 4500 m hoch und 70 km entfernt ist. 55 Kilometer Fußmarsch haben sich ausgezahlt!

Ich hoffe, dass Elisabeth und Paul noch nachkommen, mache mich aber nach 15 Minuten am Gipfel wieder auf den Rückweg. Meine beiden Begleiter treffe ich an einem Punkt, von dem aus rund 30 Minuten zum Gipfel fehlen. Gemeinsam mit ihnen wandere ich nochmals zum Uhuru Peak hoch. Weil Paul Geburtstag feiert, stoßen wir mit Sekt an – doch in dieser Höhe schmeckt mir der edle Tropfen einfach nicht.

Nach einem extrem staubigen Abstieg vom Gipfel zur Kibo Hut und insgesamt zwei Tagen sind wir wieder am Ausgangspunkt unserer Tour angekommen. Und wir haben uns verhalten wie Hans Meyer anno dazumal schrieb: „Beim Abstieg von hohen, mühsam bestiegenen Bergen bin ich mir immer wie ein leichtsinniger Verschwender vorgekommen, der das schwer errungene Gut in toller Laune verschleudert."

Kann jeder den Kilimandscharo besteigen, wurde ich nach meiner Rückkehr immer wieder gefragt, und meine Antwort war immer gleich bleibend: Ja, jeder oder jede kommt dort hinauf, wenn er oder sie gut vorbereitet und ausgerüstet ist, wenn man sich die Zeit nimmt, sich langsam an die Höhe zu gewöhnen. Der Kilimandscharo führt eindrucksvoll vor Augen, was und wie viel man falsch machen kann. Höhenkrankheit, die sich aus verringerter Sauerstoffaufnahme der Lunge und daraus folgender Sauerstoff-Unterversorgung ergibt, führt zu Kopfschmerzen, Appetitverlust, Übelkeit, Erbrechen, Müdigkeit, Atemnot, Schwindel bis hin zu Lungenödemen.

Man muss sich folgenden Vergleich vor Augen halten: In Afrika werden knapp 6000 m binnen vier bis fünf Tagen erreicht; am Aconcagua erreicht man diese Höhe nach acht oder zehn Tagen. Der Kilimandscharo braucht darum ebenfalls seine Zeit, und er fordert sie auch ein! Herrschende Gesetze sind zu befolgen. Jenes am höchsten Punkt Afrikas lautet: Bring' Zeit mit!

Eine Kurz-Safari beendet unseren Ausflug nach Afrika, und wir sehen alle Arten der „big 5": Elefant, Nashorn, Büffel, Löwe (mein Sternzeichen!) und Leopard, deren Trophäen in früheren Zeiten die Ziele der Großwildjäger bei ihren Jagden waren. Uns reicht die Freude, diese Tiere aus nächster Nähe zu sehen und zu beobachten.

Ich sitze wieder im Flugzeug, auf dem Weg nach Hause. Das Projekt „Seven Summits" hat Fahrt aufgenommen. Meine Gedanken schweifen zurück, zu den Menschen, die ich am Kilimandscharo getroffen habe, zu ihren Lebensumständen, die so ganz anders sind als unsere. Das Handy mag der gemeinsame Nenner unserer Lebensräume sein, denn ein Mobiltelefon scheint auch in Afrika fast jeder zu besitzen. Auch auf dem Weg hinauf zum Uhuru Peak kann telekommuniziert werden, nur da und dort befinden sich Funklöcher. Meine persönliche Einstellung hingegen ist klar und einfach: Inmitten einer Bergbesteigung telefoniere ich nicht, da nehme ich das Hier und Jetzt bewusst wahr, da spreche ich mit meinen Begleitern und anderen Bergsteigern, da werde ich eins mit der Natur. Die einzigen Telefonate, die ich mir zugestehe, gehen nach Hause, zu Doris, um ihr zu erzählen, dass bei mir alles bestens läuft (auch dann, wenn es vielleicht nicht ganz stimmt – aber kann sie mir Tausende Kilometer entfernt helfen? Eben. Und warum sollte ich ihre Sorgen vergrößern?).

Paul Resch:

„Wolfgang war eine Art Star am Berg"

Paul Resch, welche Erinnerungen kommen Ihnen in den Sinn, wenn Sie an Ihre Kilimandscharo-Tour zurückdenken?

Zuerst einmal hat es mich überrascht, dass ich diese Reise vom Welser Radsportverein geschenkt erhalten habe, ich habe tatsächlich nichts davon gewusst, und als ich es hörte, durchzog mich ein Gedankenblitz: Hoffentlich halten meine Gelenke das viele Bergabgehen aus... Ich habe mich dann informiert, mit Bekannten und Freunden gesprochen, die schon auf dem Kilimandscharo waren, und alle haben mich ermutigt: Du bist gut in Schuss, du wirst keine Probleme haben. Die einzige Unbekannte war die Höhe, und diese habe ich auch gespürt. Während der Expedition habe ich mich an die Vorgaben gehalten, bin auch dann langsam hochgestiegen, wenn ich schneller hätte gehen können, und schluckte regelmäßig Aspirin. Am Ruhetag wanderten wir 500, 800 Höhenmeter nach oben, um dann zurückzukehren und auf einem tieferen Punkt zu schlafen, so, wie es die klassischen Regeln der Akklimatisation vorsehen.

Auch Ihre Tochter Elisabeth war mit dabei.

Ja, an das Zwiegespräch mit ihr erinnere ich mich sehr gerne. Ob ich mich freue, fragte sie, und ich antwortete, ob sie vielleicht mitgehen wolle. „Absolut", war die Antwort, und am gleichen Tag war ein zusätzlicher Platz gebucht. Ich glaube, dass sie es als persönliche Herausforderung betrachtet hat, Elisabeth ist sehr sportlich und gut trainiert, hat aber mit dem Berg nichts am Hut. In der Tat hat sie sich am Gipfeltag auch schwer getan, hat gemeckert, dass sie sich hier das antun muss. Deswegen ist ja auch Wolfgang alleine Richtung Uhuru Peak aufgebrochen, wir sind später nachgekommen. Letztlich sind wir dann doch alle drei auf dem Gipfel gestanden und haben die obligaten Erinnerungsfotos geschossen. Diese Reise hat meine Tochter und mich sehr zusammengeschweißt, wir haben ja auch im Vorfeld der Besteigung einige Bergtouren in unserer näheren Umgebung gemacht. Die Spontaneität, die so oft in unserem täglichen Leben fehlt, hat sich für Elisabeth und mich zu einem großen Vorteil in unserer Beziehung entwickelt.

Wo ja auch auf Ihren Geburtstag angestoßen wurde…

… mir hat der Sekt auch nicht geschmeckt. Beeindruckt hat mich nur, dass der Führer, der die Flasche, die noch immer zu drei Viertel voll war, mit nach oben geschleppt hat, wieder nach unten getragen und an seine Leute weitergegeben hat. In Afrika wird mit Ressourcen eben ganz anders umgegangen. Doch der Abstieg vom Kraterrand in einer Schotterrinne hinunter zur Kibohütte war ein einziger Spaß. Da springt man wie ein Gamsbock zu Tale, 45 Minuten benötigt man für eine Strecke, die man zuvor Stunden über Stunden nach oben gewandert ist. Hinzu kommt das Gefühl des Gipfelsieges, der Bestätigung, der Freude – da werden Endorphine frei!

Waren Sie beeindruckt von den verschiedenen Vegetationsformen und Klimazonen?

Nun ja, in gewisser Art und Weise haben wir sie ja auch bei uns, mit Mittelgebirge, Wald, Waldgrenze, Heide. Mehr hat mich der faszinierende Sternenhimmel beeindruckt, die Freundlichkeit der Personen, die dir immer wieder „jambo“, „hallo“ zurufen, die Weitläufigkeit des Landes und des Kontinents – da realisiert man, dass es in Europa schon ziemlich eng und gedrängt zugeht.

Welchen Eindruck hat Ihnen Wolfgang Fasching gemacht?

Einen souveränen und bescheidenen zur gleichen Zeit. Als ich unserem Führer erzählte, dass Wolfgang auch schon auf dem Mount Everest war, herrschte zuerst einmal betretenes Schweigen. Dann fragte er, was zum Teufel wir denn hier machten. Den Kilimandscharo besteigen, gut und recht: Aber warum auf der Touristenroute und nicht auf einer schwierigeren? Auf alle Fälle machte die Nachricht die Runde, dass ein Everest-Besteiger gerade auf dem Kili unterwegs ist, und Wolfgang wurde immer wieder darauf angesprochen. Und ein nach oben deutender Daumen drückte die Anerkennung der Menschen aus.
Getroffen haben wir auch Extremsportler Hubert Schwarz, der mit dem Fahrrad die Welt umrundet hat. Er war auf dem Weg nach unten, wir nach oben. In dem kurzen Gespräch kam der ganze Respekt, den die beiden Sportkameraden füreinander hegten, zum Vorschein.

PERSON, BERUF, BERGE

Paul Resch wurde 1951 in Wels geboren und ist dort Bäckermeister sowie Mitbegründer des Erfolgsunternehmens Resch & Frisch. Typischer Berggeher ist er keiner, wandert „aus Tradition", wie er selbst meint, jeden Sommer auf den Traunstein und den Großen Priel und begeistert sich seit 15 Jahren für Skitouren im In- und Ausland. Die schönste Bergbesteigung war für Paul Resch eine winterliche auf den Großglockner. „Der Kilimandscharo ist hingegen meine exklusivste Bergtour."

1

Ludwig Purtscheller

Der Pionier der „Führerlosen"

Das Herz muss den Verstand erwärmen und der Verstand über die Glut wachen, wenn sie in Flammen ausbrechen will.

(Friedrich Maximilian Klinger)

Die „Führerlosen", das waren damals jene Kletterer, die die Berge ohne Hilfe eines Bergführers erklimmen wollten. Als ihr Vorreiter gilt der Österreicher Ludwig Purtscheller. Bescheiden beginnt Purtscheller in Kärnten mit Mittagskogel, Dobratsch und Hochobir. Von Salzburg aus durchstreift er die umliegenden Berge, oft mit Heinrich Heß, dem späteren Redakteur der „Alpenvereins-Mitteilungen". Als ersten Dreitausender besteigt er 1875 die Hochalmspitze. Von da an führt er gewissenhaft ein Tourenbuch, in das er bis 1899 – sage und schreibe – 1666 Gipfel eintragen kann. Mit jedem Berg steigert er seine Ansprüche, bis er acht Dreitausender oder drei Viertausender an einem Tag schafft. In einem Jahr verzeichnet er 140 bestiegene Berge.

Mit der Berninagruppe erlebt Purtscheller 1983 erstmals Schweizer Hochgebirge. 1884 gelingen ihm spektakuläre „führerlose" Besteigungen, so die Monte Rosa Ostwand und die Matterhornüberschreitung. In den Dolomiten beweist er seine Meisterschaft im Felsklettern. Mit den Brüdern Emil und Otto Zsigmondy bildet Purtscheller ein nicht zu schlagendes Dreierteam. Und 1885 überrascht er alle: „führerlos" gelingen ihm die zweite Durchsteigung der Watzmann Ostwand und die berühmte erste solche Überschreitung der Meije, der „Riesensphinx" der Alpen; leider nicht ohne traurige Nachbeben: sein Freund Emil Zsigmondy stürzt ebendort, nur Wochen später, tödlich ab. Purtscheller holt mit fünf Leuten den Leichnam des Freundes vom Etançons-Gletscher und bringt ihn nach St. Christophe, damit sein Freund begraben werden kann.

Hans Meyer hatte schon zwei Mal versucht, den Gipfel des höchsten Bergs Afrikas zu erreichen – jedes Mal war er gescheitert. Nun lud er Purtscheller ein, mit ihm auf den Kilimandscharo zu gehen. Was heute so einfach klingt, war damals ein schweres Unterfangen. Mehrere Wochen brauchte das Schiff bis Sansibar, einen ganzen Monat lang wurde alles vorbereitet. Mit mehr als 50 Mann zog die Expedition durch die Steppe dem Berg entgegen, mit Purtscheller und dem einheimischen Kinyala Lauwo als Führer. Und diesmal schafft es Meyer: am 6. Oktober 1889 flattert die deutsche Flagge auf dem Kilimandscharo. An seinem 40. Geburtstag steht Purtscheller auf dem Kilimandscharo, dem höchsten Berg Afrikas, und freut sich über sein Geburtstagsgeschenk – mit dabei auf dem Kibo zu stehen. Es war typisch für seine Kraft, seine Geduld und für seine Bescheidenheit.

Die Afrikareise Hans Meyers war noch nicht zu Ende und mit der Erforschung des Ugweno-Gebirges gewann er wichtige geographische Erkenntnisse über die Vereisung. Für Purtscheller folgten mehrere Aufstiege bis knapp an die 6000-Meter-Grenze. 1891 reiste er dann mit Gottfried Merzbacher und den beiden Glocknerführern Kerer und Unterweger in den Kaukasus, wo sie den Dongusorum-Mittelgipfel, den Sulukol-Basch, den Dschimrai-Choch und den Elbrus bestiegen. Der Versuch, den Gipfel des Uschba zu erreichen, scheiterte auf der Sattelhöhe.

1

Viele meinen, dass Ludwig Purtscheller Salzburger war, er wurde aber 1849 in Tirol geboren, der Vater Innsbrucker, k. u. k. Steuereinnehmer, die Mutter Stubaierin. Die Familie war arm, trotzdem konnte der Junge in die Realschule gehen; spätestens mit 16 musste er sein Brot aber selbst verdienen. Er ging nach Kärnten, fand dort eine kaufmännische Stellung in der Bleiberger Bergwerksunternehmung, lernte viel über Geologie und Mineralogie. Aber er war immer schon ein sportlicher Bursche, und es zog ihn weiter. Von Kärnten ging er in die Steiermark, in Graz machte er sein Diplom als Turnlehrer. 1874 übersiedelt er nach Salzburg, wo er an der Lehrerbildungsanstalt und am Gymnasium Turnen und Kalligraphie unterrichtet.

Purtscheller war ein belesener Mann und naturgeschichtlich gebildet. In den „Mitteilungen" und der „Zeitschrift" des Alpenvereins alleine veröffentlichte er 60 Artikel. Seine größte Arbeit – „Die Entwicklungsgeschichte des Alpinismus" – erschien 1894. Gemeinsam mit Heinrich Heß schuf er ein Standardwerk für Bergführer: „Der Hochtourist in den Ostalpen". Gemeinsam mit den besten Alpinisten seiner Zeit setzte er seine Idee der „führerlosen Alpenerschließung" um. Publizistisch war ihm das Verständnis der Natur der Alpenwelt ein Anliegen, und er führte Jugendliche in das Bergsteigen ein. Seine Schüler nannten ihn gerne „Unseren Puschtl". Bescheiden, kameradschaftlich und hilfsbereit, genoss er international höchstes Ansehen und galt als Idealgestalt eines Alpinisten. Karl Blodig, ein enger Kamerad, charakterisierte ihn als einen Mann, der „offen zugab, dass es viele und weit bessere Kletterer gebe, als er einer war, aber was den Entwurf und die Durchführung großer Touren betraf, da zeigte er sich als der unbestrittene Meister." Und Otto Zsigmondy schrieb: „Unermüdlich war er besorgt, schwächeren Mitgliedern einer Partei in jeder Hinsicht beizustehen. Mußte Wasser geholt werden, so duldete er es nicht, daß dieses Geschäft ein anderer besorgte. Stets wählte er den schlechtesten Platz am Herdfeuer und den exponiertesten beim Biwak."

In den ersten Jahren seiner „Bergfahrten" war keine Zeit zum Heiraten, dann, 1895, ehelicht Purtscheller Hedwig von Helmreichen. Der Ehe bleiben nur wenige Jahre. Nach seinen großen Erfolgen plant Purtscheller, „ausschließlich dem ausübenden und wissenschaftlichen Alpinismus, und zwar tunlichst in außereuropäischen Gegenden, zu dienen". Das Unglück an der Aiguille du Dru am 25. August 1899 will es anders: Purtscheller stürzt in eine Kluft und verletzt sich schwer. Der Abtransport gelingt, doch er will nicht genesen; nach mehreren Wochen Spitalsaufenthalt kommt eine Lungenentzündung hinzu. Am 3. März 1900 stirbt Purtscheller in Bern im Krankenhaus – nur 50 Jahre alt. Der Leichnam wird nach Salzburg überstellt, wo ihm ein Ehrengrab zuteil wird. Der Alpenverein setzt ihm ein Denkmal. „Ein Strahl der Unsterblichkeit umzittert sein Haupt", so beschrieb Blodig das Wesen seines langjährigen Freundes.

Der Pionier der „Führerlosen" bestieg mehr als 40 Viertausender und sein Name ist in den Bergen verewigt: an der Vorderen Karlspitze im Wilden Kaiser ist es der Purtscheller-Grat, in den Südabstürzen des Schafbergs der Purtscheller-Steig, in der Larsecgruppe der Purtscheller-Turm; Hans Meyer benannte einen Gipfel des Mawensi Purtscheller-Spitze. Moose und Flechten des Kilimandscharo heißen Rinodina Purtschelleri Stein und Bartsia Purtschelleri Engler. Ludwig Purtscheller – einer der größten Bergsteiger Österreichs.

1

Hans Meyer

Der Afrikaforscher unter den Bergsteigern

Des Menschen Wille, das ist sein Glück.

(Friedrich Schiller)

Waren es verlegerische Strategien, die Hans Meyers Vater Herrmann Julius, Inhaber des bedeutenden Verlagshauses Meyer in Leipzig, 1882 dazu bewogen, den Sohn noch während dessen Studiums der Natur- und Staatswissenschaften auf zweijährige Weltreise nach Ostasien und Nordamerika zu schicken oder erfüllte er dem Sohn einen unabwendbaren Wunsch? Hans Meyer jedenfalls ging zielstrebig seinen ersten Forschungen nach: in Ostasien und Nordamerika widmete er sich der Völker- und Erdkunde. Nach der Rückkehr legte der Vater 1884 die Verlagsleitung in die Hände von Hans und seinem Bruder Arndt. 40 Jahre lang sollte sich Hans Meyer erfolgreich für die Entwicklung des Unternehmens einsetzen. Weltberühmt ist das „Conversations-Lexikon", die heutige „Brockhaus Enzyklopädie".

1886 trat er seine erste Afrikareise an. Von 1887 bis 1889 beschäftigte ihn nur ein Ziel: die Erschließung des Kilimandscharo. Er schloss sich einer Expedition der Deutsch-Ostafrikanischen Gesellschaft (DOAG) an. Die Expedition kam bis auf 5500 Meter Höhe, musste aber wegen mangelhafter Ausrüstung abbrechen. 1888 der zweite Versuch – gemeinsam mit dem österreichischen Geographen Oscar Baumann. Diesmal brach an der Küste ein Rebellenaufstand aus – der so genannte „Araber-Aufstand"; die Träger liefen davon; die Karawane löste sich auf. Meyer und Baumann kehrten an die Küste zurück und gerieten in die Gefangenschaft des Rebellenführers Buschiri bin Salim, der sie erst nach Zahlung eines hohen Lösegelds freiließ.

1889 der dritte Versuch, gemeinsam mit dem Alpinbergsteiger Ludwig Purtscheller aus Österreich und, nachdem er beim Häuptling Mareale von Marangu um Unterstützung angefragt hatte, mit dem erst 18-jährigen Yohani Kinyala Lauwo aus dem Volk der Dschagga. Lauwo, der in dem Dorf an den Hängen des Kilimandscharo aufgewachsen war, kannte den Kibo wie seine Westentasche; und am 6. Oktober 1889 stehen Meyer, Purtscheller und Lauwo auf dem höchsten Punkt Afrikas. Als überzeugter Patriot gibt Hans Meyer dem Gipfel den Namen „Kaiser-Wilhelm-Spitze". Die deutsche Erstbesteigung macht Furore.

1891 heiratet Hans Meyer Elisabeth Haeckel, die Tochter eines Zoologen, geht weiter auf Forschungsreisen, dokumentiert all seine Erkenntnisse genau. Gletscher und Vulkane beschäftigen sein wissenschaftliches Interesse, und er fährt in verschiedene vulkanische Hochgebirge, so 1894 nach Teneriffa, wo er den Gipfel des Pico del Teide besteigt. 1898 kehrt er zum Kibo zurück – diesmal umkreist er ihn, nimmt das Gesamtmassiv kartographisch auf. Meyer stellt die vorzeitliche Vergletscherung des Massivs fest.

1903 interessieren ihn die südamerikanischen Kordilleren. Er hält sich sechs Monate in Ecuador auf, besteigt dort den komplett vergletscherten Chimborazo und erforscht eine Reihe von Vulkanbergen. Eine letzte große Reise führt ihn 1911 nochmals nach Deutsch-Ostafrika, in das noch kaum erforschte Zwischenseengebiet von Ruanda und Urundi.

Als Verlagsinhaber wusste Hans Meyer, wie er seine Tagebuchaufzeichnungen publikumswirksam veröffentlichen konnte: Es gibt viele und ansprechend geschriebene Bücher von ihm. Sein Lebenswerk ist aber jedenfalls die Forschung, nicht zuletzt verließ er 1914 den Vorstand seines Verlags, um sich ihr ganz widmen zu können. Seine Gletscherbeobachtungen, Kartierungen und trigonometrischen Messungen galten lange Zeit als wissenschaftlich maßgebend, und er erhielt unzählige Ehrentitel. 1901 wurde er Mitglied des Deutschen Kolonialrats und leitete eine Kommission zur landeskundlichen Erforschung der deutschen „Schutzgebiete", 1915 wurde an der Universität Leipzig speziell für ihn eine Professur für Kolonialgeographie und Kolonialpolitik eingerichtet, 1925 wurde er Mitglied der Sächsischen Akademie der Wissenschaften. Meyer war überzeugter Kolonialpolitiker: unter anderem richtete er 1910 eine Stiftung zur Besetzung einer kolonialgeographischen Professur an der Berliner Universität ein.

Das Lebenswerk des 1858 in Hildburghausen geborenen Hans Meyer beschreibt einen im Deutschland seiner Zeit maßgeblichen Unternehmer, Kolonialpolitiker und Wissenschafter. 71-jährig verstarb er 1929 in Leipzig.

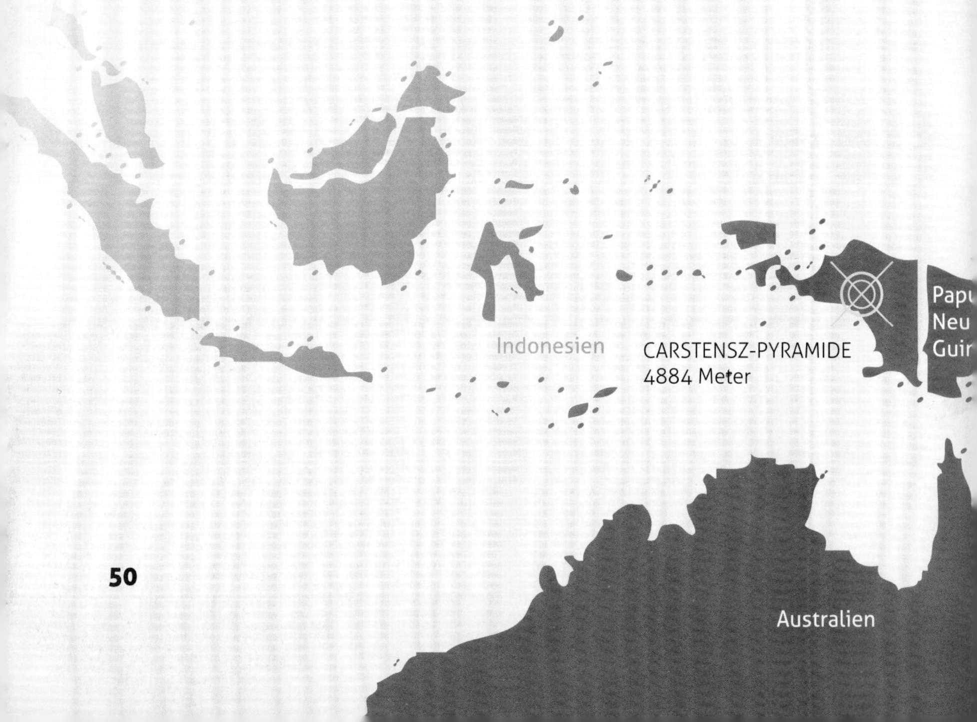

2

Geographische Breite: 4°5' S
Geographische Länge: 137°11' O

CARSTENSZ-PYRAMIDE

in Indonesien, Ozeanien

Höhe: 4884 Meter
Geologische Lage: im Maokegebirge (Sudirman Range)

Erstbesteigung: 13. Februar 1962
Erstbesteiger: Heinrich Harrer (Österreich), Philip Temple (Neuseeland), Russel Kippax (Australien) und Albert Huizenga (Niederlande)
Normalweg: Nordwand, Schwierigkeitsgrade drei bis fünf

Bestiegen am 6. Dezember 2009 zusammen mit Gordon und Elizabeth Hopper (CAN) sowie Juan Glenn, Eduardo Martinez und Rick Salter (MEX)

Alles, was sich ein Mensch vorstellen kann, kann er auch erreichen.

(Walt Disney)

2

Welcher ist der höchste Berg des ozeanischen Kontinents? Mount Kosciuszko auf dem australischen Festland und von Dick Bass und Frank Wells in deren Buch als „Spaziergang im Park" bezeichnet, oder die Carstensz-Pyramide auf West-Papua in Indonesien? Einfache Frage, schwierige Antwort. Die Carstensz-Pyramide, auf Indonesisch „Puncak Jaya", „Siegesgipfel", genannt, gehört unter dem politischen Aspekt zu Asien. Doch gleichzeitig liegt sie auf der australischen Kontinentalmasse und gehört damit geographisch nicht zum eurasischen Kontinent.

In der Tat werden zwei „Seven Summits"-Listen geführt – eine mit Carstensz, die andere mit Mount Kosciuszko. Klar ist, dass der höhere Berg, der auf einer Insel steht, bergsteigerisch weitaus anspruchsvoller ist als ein 2228 m „Hügel", und klar ist deswegen auch, dass sich Reinhold Messner für diese „Wertung", wenn man von einer solchen sprechen mag, stark gemacht hatte.

Der westliche Name des „Puncak Jaya" geht auf den niederländischen Seefahrer und Entdecker Jan Carstensz (oder Carstenszoon) zurück, der den Berg 1623 entdeckt hatte. Die Eingeborenen Neuguineas, denen er die Kenntnis von Edelmetallen oder Gewürzen absprach, bezeichnete er als unterentwickelt und arm, nahm einen gefangen, tötete andere. In Europa aber wurde Carstensz verlacht, als er von einem Berg mit einer Schneekuppe erzählte.

Es sollte 339 Jahre dauern, bis die Carstensz-Pyramide das erste Mal von Europäern bestiegen wurde, und zwar am 13. Februar 1962 von Heinrich Harrer, Philip Temple, Russel Kippax und Albert Huizenga mit Hilfe von über 100 Trägern über die Nordwand. Zur damaligen Zeit gehörte die zweitgrößte Insel der Welt zu niederländischem Hoheitsgebiet. Harrer, einer der herausragendsten Bergsteiger des 20. Jahrhunderts (u. a. Erst-Durchsteiger der Eiger-Nordwand), Lehrmeister des Dalai Lama in Lhasa (mit dem ihn bis zu seinem Tod 2006 eine innige Freundschaft verband), Autor des Buches „Sieben Jahre in Tibet" (das mit Brad Pitt in der Hauptrolle verfilmt wurde), schreibt in seinem Expeditionsbericht im Buch „Ich komme aus der Steinzeit":

„Es war zwei Uhr mittags. Wir standen auf dem Gipfel, dem höchsten Punkt der Insel Neuguinea, 5030 Meter über dem Meeresspiegel. Der Gipfel ist ein kleiner Schneekegel, auf dem wir vier gut Platz hatten. Freudig und herzlich schüttelten wir uns die Hände. Dann packten wir unsere insgesamt fünf Fahnen und Wimpel aus: Bert Huizenga einen großen holländischen Wimpel, den wir ausbreiteten und mit Steinen beschwerten, damit er vielleicht von einem Flugzeug aus gesehen werde; als nächstes kam die Papuaflagge (...) und schließlich hinterlegte ich eine kleine rot-weiß-rote österreichische Fahne, die meine Landsleute in Australien eigens für diese Expedition gemacht hatten."

In unmittelbarer Nähe des Berges befindet sich mit der 1936 entdeckten Grasberg-Mine die größte Gold- und Kupfermine der Welt – und ihre Existenz erleichtert die Besteigung des Gipfels nicht. Denn es gibt zwei Wege Richtung Basislager: mit dem Hubschrauber, oder zu Fuß durch den Dschungel.

Ganz klar: Ich will auf die Carstensz-Pyramide. Sie steht auf der „Messner-Liste", und der Spaziergang in Australien hätte mich nicht befriedigt. Bin ich nicht immer derjenige, der den schwierigeren Weg gehen will? Deswegen will ich auch durch den Dschungel. Ich will mir das Abenteuer der Wildnis nicht entgehen lassen, ich will die Papuas persönlich kennen lernen, von denen ich schon so viel gelesen habe, von denen ich auch schon Bilder gesehen habe, die Menschen darstellen wie zu Steinzeit-Tagen, um mit Heinrich Harrers Worten zu sprechen. Von vielen werden die Ureinwohner sogar noch in die Nähe der Kannibalen gerückt. Es ist jener Berg, der den meisten Respekt in mir hochbringt, und es ist mir klar, dass ich ihn nur in einer Expedition werde besteigen können.

Die Planungen für meinen letzten der „Seven Summits" ziehen sich im Frühjahr 2009 in die Länge, weil ich darauf beharre, im darauf folgenden August sieben Tage durch den Urwald marschieren zu wollen. Endlich finde ich einen Expeditionsanbieter in Neuseeland, bezahle die Gebühr – um Monate später von Unruhen in der Region zu hören. Auch meine Frau Doris informiert sich bei diversen Botschaften, der Tenor ist neutral-skeptisch („das kann man nicht genau sagen", „das ist alles ein wenig unsicher"), und nachdem Reisewarnungen ausgesprochen werden, storniere ich schweren Herzens meinen Trip. Mir tut es leid, umso mehr, als ich dann via Internet die Kampagne der Neuseeländer Tag für Tag verfolge und aus der Ferne miterleben muss, wie bei ihnen alles glatt läuft und sie den Gipfel besteigen.

Die Suche nach einem neuen Termin und einer neuen Fahrt geht weiter, in Tschechien werde ich fündig. Angeboten werden beide Varianten, ich entschließe mich für den Dschungel! Doch 14 Tage vor Beginn der Expedition ist wieder alles anders. Weil sich zu wenige Personen für einen Mehrtagesmarsch durch den Urwald angemeldet haben, gibt es nur mehr die Möglichkeit, mit dem Hubschrauber ins Basislager geflogen zu werden. Ich bin ein wenig enttäuscht, will aber von meinem Plan nicht abweichen, die Carstensz-Pyramide noch im Dezember 2009 zu erklimmen: Soll es eben der Helikopter sein, doch im gleichen Moment nehme ich mir auch vor, einmal durch diesen Dschungel, der mir jetzt verwehrt bleibt, zu gehen. Jetzt geht es einfach darum, das Projekt „Seven Summits" zu einem guten Ende zu führen.

Die Kommunikation mit dem Reiseanbieter gestaltet sich schwierig. Unser Führer, Petr, ist bereits mit einer anderen Gruppe in Indonesien auf Trekking-Tour. Seine Sekretärin ist in der englischen Sprache nicht sattelfest. Und dann wird mir mitgeteilt, dass Petr nach Hause muss, da ein Todesfall in seinem Familienkreis eingetreten ist. Doch es gebe einen Ersatz, sagt mir Petr, ich solle dem neu designierten Bergführer eben die im Hotel in Jakarta hinterlegten Briefe in Biak in West-Papua, wo wir uns treffen würden, überbringen.

Ein falsches Visum

Und dann sitze ich wieder einmal im Flugzeug, dieses Mal auf dem Weg nach Jakarta, doch es ist ein besonderer Flug: jener, der mich zum letzten der sieben Gipfel bringt, die auf meiner Liste stehen. Ich werde überwältigt von Jakarta, einer Großstadt, wie ich sie noch nie zuvor gesehen habe. Ein Wahnsinn, denke ich und schüttle den Kopf. In Wien gelingt es allemal, die Straßen als Fußgänger zu überqueren. Hier ist es schlichtweg unmöglich. Schon die Mopedfahrer bilden eine schier undurchlässige Mauer, und mir fällt der Vergleich mit einer Ameisenstraße ein.

2

Nach einer 90-minütigen Taxifahrt zum Hotel treffe ich meine Bergkollegen Elizabeth und Gordon, ein Ehepaar aus Kanada. Wir plaudern über dies und das und auch über das Einreisevisum, das wir alle unabhängig voneinander am Flughafen besorgt hatten. Da ich der Meinung war, dass es von Indonesien nach Neuguinea und somit in einen anderen Staat ginge, hatte ich lediglich eines für sieben Tage gelöst. Mein Schreck war groß, als ich von ihnen hörte: Nein, nein, wir bleiben ja in Indonesien, und wir benötigen ein 30-Tage-Visum (in der Tat dauerte die gesamte Expedition dann zwei volle Wochen).

Stellen Sie sich nur vor: Da will einer, in diesem Fall ich, die „Seven Summits" besteigen, und dann scheitert die Sache daran, dass das Visum nicht lange genug gültig ist... Ich setze jedenfalls alle Hebel in Bewegung, um den Sachverhalt vor der Besteigung zu regeln, telefoniere mit der österreichischen Botschaft (die nicht weiterhelfen kann) und fahre tags darauf in aller Frühe zum Flughafen, um das Visum zu ändern. Keine Chance, sagt man mir, ich müsse das Land verlassen, zumindest nach Singapur zurückfliegen und dann wieder einreisen. Mir wird anders. Mit viel Verhandlungsgeschick einer einheimischen Unterstützung und ein paar hundert Dollars bekomme ich dann doch noch die notwendige Aufenthaltsgenehmigung. Mein Lapsus hat keine weiteren großen Folgen.

Um 23 Uhr startet der Flug Richtung Biak, wo wir nach einer Zwischenlandung und einem Flugzeugwechsel tags darauf landen und wo wir von unserem indonesischen Bergführer und seiner Schwägerin in Empfang genommen werden. Die Unterkunft ist, nun ja, sagen wir: sehr spartanisch. Es gibt kein fließendes Wasser, dafür aber Kakerlaken und anderes Viehzeug. Aufgetragen wird mir, meine Ausrüstung zu sortieren. Denn aufgrund des Hubschrauberfluges darf ich nicht mehr als zehn (!) Kilogramm an Bekleidung und anderen Dingen mitnehmen. Obwohl es schwül und heiß ist, ziehe ich mich warm an – alles, was ich am Körper trage, schafft Platz in der Tasche…

Vorher geht es jedoch nochmals mit einem weiteren zweimotorigen Kleinflugzeug nach Nabire, dem Ausgangsort für den Helikopter-Flug. Der Ort liegt am Meer und gehört zu den Tsunami-gefährdeten Gegenden; er war auch beim Seebeben 2004 massiv betroffen und zum größten Teil zerstört worden. Hier heißt es warten, bis das Wetter gut genug für den Hubschrauberflug Richtung Basislager ist. Mittag- und Abendessen werden in Kneipen eingenommen; ich beschränke mich dabei hauptsächlich auf Reis und Kartoffeln.

An einem Abend treffen wir mit unserem Piloten zusammen, der uns in schaurigen Bildern erklärt, wie risikoreich der Marsch durch den Dschungel doch sei. Die Ureinwohner sind gefährlich und schießen mit Giftpfeilen auf alles, was sich bewegt. Wilde Tiere erschweren die Tour zusätzlich: Gottlob habt ihr euch für die Hubschraubervariante entschieden! Er bewirbt sein Geschäft in bestmöglicher Art und Weise, doch für uns heißt es nur warten, weil das Wetter Start und Landung nicht zulässt. Dies ist eine der unangenehmen Eigenheiten am Carstensz: Die meteorologischen Bedingungen sind nicht die allerbesten. Mir fällt ein, dass auch die Colijn-Expedition, die zwar Gold und Kupfer entdeckte, den Gipfelsturm wegen Nebel, Schnee und Gewitter abbrechen musste.

Mir fallen auch meine Tage langen Wartens am Mount Vinson ein und hoffe, dass es hier nicht zu einer Wiederholung der Ereignisse kommt – auch, weil das Hotelzimmer in

Punta Arenas als luxuriös bezeichnet werden kann im Vergleich zu der Absteige in Nabire. Wir haben Glück. Einen Tag später geht es los!

Ich sitze im Hubschrauber, zusammengepfercht mit meinen zehn Kilogramm Gepäck zwischen anderen zwölf Personen, sehe den Piloten mit der Zigarette in der einen und einem Becher Kaffee in der anderen Hand und habe Schmetterlinge der Aufregung im Bauch. Wir fliegen über den Urwald, nur auf Sicht, und wir müssen mitten im Dschungel auf 1600 m zwischenlanden, weil von dort nur jeweils zwei Personen nach oben in das Basislager auf 4000 m geflogen werden können. Ist der Heli zu schwer, kommt er in dünner Luft nicht nach oben. Bereits am Vortag haben wir Stäbchen gezogen, wer die erste, die zweite und die dritte Paarung abgeben wird. Ich war einer der Verlierer, und ich habe mein Lospech wertfrei zur Kenntnis genommen.

Im Normalfall ist es nämlich einerlei, ob man eine Stunde früher oder später im Basislager eintrifft. An der Carstensz-Pyramide laufen die Dinge aber nicht wie gewöhnlich. Zwei Hubschrauberflüge würden sicher stattfinden, sagt man uns, der dritte könnte aufgrund der sich schnell ändernden Wetterverhältnisse gestrichen werden. In diesem Falle würden mein mexikanischer Kollege Juan Glenn und ich zurück nach Nabire fliegen und auf bessere, schönere Zeiten warten müssen. Mein „Seven Summits"-Projekt ist, zumindest kurzfristig, ein Schönwetterprojekt.

Es ist warm und schwül, als wir 35 Minuten später im Dschungel aufsetzen. Ureinwohner belagern den Vogel, einige von diesen arbeiten mit dem Piloten zusammen. Ich fühle mich unter Beobachtung, aber nicht in Gefahr. Den angebotenen

Tee trinke ich, und warte auf die Weiterentwicklung der Dinge. In der Tat schafft der Helikopterpilot einen dritten Flug nach oben. Wir überfliegen die Grasberg-Mine, die Haupteinnahmequelle des US-amerikanischen Bergbauunternehmens Freeport-McMoRan. Hier arbeiten rund 20.000 Menschen, der Jahresumsatz beträgt über sechs Milliarden US-Dollar. Somit ist Freeport der größte Steuerzahler Indonesiens. Das Gebiet ist weiträumig abgesperrt und von Militärs gesichert. Eindringlinge sind unerwünscht, sicher auch, weil die Minenbetreiber einiges zu verbergen haben. Die Liste reicht von Schutzgeldzahlungen an hochrangige indonesische Beamte und Offiziere, beinhaltet irreversible Umweltzerstörung, da täglich über 250.000 Tonnen vergifteten Mülls über Flüsse und in Seen entsorgt werden, und endet bei Menschenrechtsverletzungen: Tausende von Papuas wurden verfolgt, vertrieben oder getötet, nur damit der Kommerz hier triumphieren kann.

Schon sonderbar, was man auf und an den Bergen dieser Welt alles miterlebt. Am Kilimandscharo mussten Extrem- und Trendsportarten verboten werden, weil der Berg ansonsten zu einem überlaufenen Sportplatz degradiert worden wäre. In der Antarktis und in Alaska muss man jegliche Art von Müll wieder mitnehmen, um die Natur nicht zu belasten. Und hier, direkt neben dem Lorentz-Nationalpark, werden Menschen menschenunwürdig behandelt und die Seen mit Kupferrückständen vergiftet, um nur ansatzweise diese Problematik aufzuzeigen.

Mit diesen Gedanken verlasse ich den Hubschrauber auf 4000 m Höhe; ich sehe, wie der Pilot entweder den Teer seiner Zigarette inhaliert oder eine „Sauerstoffdusche" nimmt. Kaum verlassen wir sein Transportmittel, hebt er auch schon wieder ab. Ich realisiere sofort, dass unsere Gruppe die einzige im Basislager am „Zebra Wall" ist. Dies ist weiter nicht ungewöhnlich. Die Carstensz-Pyramide steht lediglich bei jenen Bergsteigern auf der Liste, die die „Seven Summits" erklimmen wollen, wenige hundert Menschen standen (auch aufgrund von bürokratischen Repressalien) am Gipfel. In einer kargen Landschaft bauen wir unsere Zelte auf. Es ist später Vormittag, einmal schlafen noch, dann ist Gipfeltag.

So stelle ich mir eine Berg-Besteigung allerdings nicht vor. Was am Carstensz abgeht, ist eine Hauruck-Partie. Eine Akklimatisation ist durch einen Helikopterflug von 0 auf 4000 m Höhe nicht möglich, und keine 24 Stunden später geht es auf knapp 5000 m. Doch ich wische meine Bedenken zur Seite, und sage mir, dass schon alles passen wird.

Vertrauen und Bewältigungsglaube

Auch Sie werden die Erfahrungen gemacht haben, dass Sie Ziele (leichter) erreichen, wenn Sie Ihre Chancen als gut oder sehr gut einschätzen und wenn Sie sich sicher sind, die notwendigen Voraussetzungen für eine erfolgreiche Erledigung der gestellten Aufgaben zu besitzen. Ich fasse diesen Themenkreis in zwei Worten zusammen: Vertrauen und Bewältigungsglaube. Als ich begann, mich mit den „Seven Summits" auseinanderzusetzen, überprüfte ich, ob ich die Voraussetzungen hätte, dieses Projekt zu einem glücklichen Ende zu führen. Ich musste auf mich selbst zählen können und meine Fähigkeiten und Erkenntnisse eventuell erweitern. Während meiner Reisen hatte ich auch meinem Material, oder besser: dem Material überhaupt, zu vertrauen. Wenn man daran denkt, ob dieses Seil hält oder nicht, ob dieser Karabiner der richtige ist oder nicht, ob dieser Helikopter aus dem vorigen Jahrhundert nicht abstürzen könnte oder diese Iljuschin aus der Steinzeit nicht eher auf den Schrottplatz denn in die Antarktis gehört, dann schwächt man sich selbst. Meine Faustregel: erkennen, beeinflussen und verbessern, was man verbessern kann oder muss; hinnehmen, was unbeeinflussbar von einem selbst ist. Und noch eine dritte Art des Vertrauens ist wichtig: jene in andere Menschen. Wäre ich nur mit negativer Geisteshaltung anderen gegenüber um die Welt gereist, hätte ich nicht nur das Klima in den verschiedenen Teams gestört und eine fruchtbare Zusammenarbeit unterbunden, nein: Ich hätte vielleicht mein Ziel gar nicht erreicht. Vertrauen ist gut, Kontrolle ist besser, sagt der Volksmund. Am Berg stimmt dies nicht immer, denn Vertrauen benötigt zuweilen Vorschusslorbeeren. Ich war mit Menschen unterwegs, gerade an der Carstensz-Pyramide, die ich noch nie zuvor in meinem Leben getroffen habe und die ich vielleicht nie wieder sehen werde – und dennoch habe ich in diesen wenigen Tagen eine sehr gute Basis, auch des Vertrauens, mit allen von ihnen gefunden.

Vor dem Vertrauen in sich selbst, in andere, in das Material kommt der Glaube – der Glaube, es schaffen zu können, die Aufgabe bewältigen zu können. Je größer der Glaube, umso größer das Vertrauen. Nimmt der Glaube ab, fange ich (und sicherlich auch Sie) an zu zweifeln. Bin ich gut vorbereitet für diesen Schwierigkeitsgrad? Ist mein Schlafsack warm genug für eine Nacht auf dieser Höhe? Lassen mich meine Weggefährten nicht im Stich, wenn ich in Nöte geraten sollte? Dieser negative Kreislauf zieht Sie letztlich nach unten. Das Vertrauensdefizit führt zu geringerem Bewältigungsglauben, dieser zu noch weniger Vertrauen, und so weiter. Am Ende sagen Sie sich: Das ganze Projekt ist eine schlechte, unsichere, höchst riskante Idee – ich lasse es bleiben.

Zwei Hände, eine Zahl: 7

Es ist vier Uhr in der Früh, als wir uns aufmachen Richtung Gipfel. Die Nacht verlief unruhig, es war frisch, aber nicht kalt. Eine Stunde lang marschieren wir in leichter Steigung berghoch, ehe wir zu einer 700 m hohen Wand kommen, die es hinaufzuklettern gilt. Seilsicherungen sind vorhanden, doch der Fels ist aufgrund des vielen Regens extrem abgeschliffen und schroff. Ohne Handschuhe holt man sich mit nur wenigen Griffen blutige Finger, denke ich. Wir klettern eng in der Gruppe nach oben; damit minimieren wir die Gefahr von möglichen Verletzungen bei Steinschlag. Das vom ersten Kletterer losgetretene und herabfallende Geröll würde nicht so viel Fahrt aufnehmen können, bis es auf unseren Schlussmann trifft. Der Fels weist Schwierigkeitsgrade drei bis fünf auf, ist technisch somit nicht ganz einfach und vor allem sehr kräfteraubend. Am meisten macht dieses Wegstück unserem kettenrauchenden Begleiter am Berg zu schaffen, der sich am Ende der Gruppe befindet und bei dem es den Anschein hat, als würde er es nicht bis ganz nach oben schaffen.

Nun geht es den Grat entlang Richtung Gipfel, wobei auch ein knapp zehn Meter breiter und 50 Meter tiefer Einschnitt zu überwinden ist. Zwei Varianten bieten sich an: entweder auf der einen Seite ab- und auf der anderen wieder aufsteigen, oder – schneller, kürzer – die gespannten Seile zu benutzen und sich hinüberzuhangeln. Auch wenn der Karabiner Schutz und Sicherheit vermittelt, weiß ich nicht, seit wann diese Seile dort hängen. Vertrauen ist gefragt.

Und dann stehen wir sieben alle am Gipfel. So viele Gedanken schießen mir durch den Kopf, als ich mich fotografieren lasse, mit einem strahlenden Lächeln und zwei erhobenen Händen, die eine Zahl bilden. Sieben. Sieben Gipfel. Mission erfüllt. Ich denke zurück an den Beginn des Projekts und erinnere mich, dass ich es als relativ langwierig eingestuft hatte. Nun stehe ich da und kann es fast nicht fassen, dass es bereits geschafft und vorbei ist. Ich bin stolz auf das Erreichte, stolz darauf, einer der wenigen Österreicher zu sein, der auf den sieben höchsten Gipfeln eines jeden Kontinents stand. Und ich bin gleichzeitig traurig, dass diese Herausforderung nunmehr Vergangenheit ist. So schlagen zwei Seelen in meiner Brust, Erfüllung auf der einen Seite, bereits aufkommende Leere auf der anderen.

Die Aussicht ist, wie vorausgesagt, nebelverhangen. Den 120 Kilometer entfernten Arafurasee sehen wir nicht. So halten wir uns nicht lange auf 4884 m auf. Mein Credo ist ohnehin, dass eine Bergbesteigung erst abgeschlossen ist, wenn man auch gesund und glücklich wieder das Tal erreicht hat. Dies ist hier in West-Papua nicht anders. Gerade an der Carstensz-Pyramide, wo Wolken, Nebel und Regen zur Tagesordnung gehören, Schönwettertage hingegen nicht.

Auf unserem Rückweg regnet es. Wir seilen uns über die Wand ab und werden bis auf die Haut durchnässt. Nur weg vom Berg und hinein ins Zelt, denke ich mir und ich gestehe mir ein, komplett erschöpft zu sein. Die körperliche Anstrengung war gewaltig, jetzt kann ich nachvollziehen, warum die Carstensz-Pyramide als einer der schwierigeren Berge der „Seven Summits" beschrieben wird.

Noch sind die Schwierigkeiten nicht beendet. Meine Kleidung ist durchnässt, andere habe ich – bei erlaubten zehn Kilogramm Gepäck – nicht mit. Ich verbringe eine etwas unangenehme Nacht und freue mich am Morgen auf den Flug zurück nach Nabire. Wir bauen die Zelte ab, aber nur um mit anzusehen, wie der Himmel wieder zuzieht und kommuniziert zu erhalten, dass der Hubschrauberflug abgesagt ist. Wir bauen die Zelte wieder auf, hängen herum, plaudern, warten.

24 Stunden später klappt es, und ich reise auf der gleichen Route, auf der ich gekommen bin, zurück nach Jakarta. Das Unternehmen „Carstensz-Pyramide" endet zeitlich früher als erwartet, so checken die drei Mexikaner und ich für zwei Nächte in einem Fünf-Sterne-Schuppen ein, um uns von den Strapazen zu erholen.

Es ist mein letzter Flug in Zusammenhang mit dem „Seven Summits"-Projekt, und auf der Reise nach Hause realisiere ich, dass mir die Besteigung meines letzten Gipfels viel zu schnell gegangen ist. Wenn sich der Körper zu sehr beeilt, kommt seine Seele nicht mehr mit, lautet ein indianisches Sprichwort. Mir kommt vor, als hätte ich die Carstensz-Pyramide bestiegen, ohne den Berg tatsächlich zu würdigen und wertzuschätzen. So viele interessante Wege führen durch den Dschungel zu dessen Fuß. Früher war es sogar erlaubt, die Straße von Timika zur Freeport-Mine hinaufzuwandern, durch Tembagapura zu gehen, wo die rund 20.000 Arbeiter wohnen und eventuell die Seilbahn zu verwenden, die von 2700 m auf 3500 m führt. Nunmehr existieren viele

Kilimandscharo

in Afrika, 5895 m hoch,
bestiegen am 2. September 2008

SEVEN
DHL

Wiesbauer

Wiesbauer
DHL
SEVEN SUMMITS

Carstensz-Pyramide

in Australien/Ozeanien, 4884 m hoch,
bestiegen am 6. Dezember 2009

SEVEN SUMMITS
DHL
DHL
SEVEN SUMMITS

SEVEN SUMMITS
DHL

INTERNATIONAL
CARSTENSZ PYRAMID EXPEDITION
1 - 10 Desember 2009

verbotene und einige wenige erlaubte Routen durch den Dschungel und das Hochland, und mir schmerzt es, diese Trekking-Erfahrung nicht gemacht zu haben.

Ich bin kein großer Euphoriker, doch ich weiß, dass meine sportlichen Auseinandersetzungen oder meine Berg-Abenteuer einen gewissen Zeitraum dauern müssen, quasi nach dem Motto: je länger, desto besser. Ich kann mich in diese hineinversetzen, diese zu einem Teil meines Lebens werden lassen. Aber ich bin auch Realist. Es war mir wichtig, die „Seven Summits“ bestiegen und somit meine Mission abgeschlossen zu haben. Reiz, Herausforderung, Aufwand waren es wert.

Doch als ich im Flugzeug einschlafe, weiß ich auch: Irgendwann werde ich nach West-Papua zurückkehren. Durch den Urwald wandern. Und nochmals auf der Carstensz-Pyramide stehen. Mit meiner Seele.

2

Juan Glenn:

"Wolfgang zeigt auf, wie man ein besserer Mensch sein kann"

Juan Glenn, Sie gehörten zur Expedition auf die Carstensz-Pyramide, mit der auch Wolfgang Fasching unterwegs war. Wenn Sie zurückdenken, was kommt Ihnen von dieser Reise in den Sinn?

Anfänglich hatten meine mexikanischen Bergfreunde und ich schon die Befürchtung, dass etwas schief laufen würde. Sie müssen sich vorstellen: Unsere Muttersprache ist Spanisch, aber die Mitarbeiterin des tschechischen Expeditionsunternehmens hatte mit Englisch schon ihre liebe Not. Dann starb der Vater unseres vorgesehenen Führers, es wurde umgeplant, was die Sache unsicherer und teurer machte.

Aber letztlich gingen alle Pläne auf, alles verlief wie erhofft. Ich komme aus Mexiko, auch einem eher ärmeren Land, und es war interessant für mich zu sehen, dass das Leben in Indonesien und Mittelamerika ähnlich verläuft. Jakarta ist mit Mexiko City vergleichbar – man muss nur die Autos bei uns durch Motorräder und Mofas dort ersetzen.

Die Bergbesteigung selbst war einfach für mich, wenige Monate zuvor war ich nämlich auf dem Denali, dem höchsten Berg Nordamerikas, und deswegen bereits gut akklimatisiert. Ich dachte allerdings, dass wir die Carstensz-Pyramide in mehreren Tagen erklimmen würden, doch mit Helikopterhilfe benötigte unsere Expedition gerade mal einen Tag. Nicht so einfach, von null auf 4000 Höhenmeter an einem Tag zu klettern, und mehrere in unserem Team hatten auch mit Problemen in der Höhe zu kämpfen.

Was hat Sie bei dieser Expedition am meisten beeindruckt?

Die Tatsache, dass wir um die halbe Welt fliegen würden zu einem Platz, von dem es hieß, dass er unsicher und gefährlich sei. Dass dort Stämme gegen andere Stämme kämpfen würden und wir mitten hineingeraten könnten. Das war aufregend, trat aber gottlob nicht ein. Auch die Helikopterlandung mitten im Dschungel löste keine Panik aus – es war mein erster Flug mit einem Hubschrauber, und ich war einfach nur positiv aufgeregt.
Allerdings – aufgrund unseres Fluges an den Fuß des Berges sind uns sicher interessante Erlebnisse verwehrt geblieben, die wir bei einem Fußmarsch durch den Dschungel gemacht hätten. Das finde ich schade, aber vielleicht komme ich ja nochmals nach West-Papua.

Sie hätten für ein „Seven Summits"-Projekt auch den Mount Kosciuszko in Australien wählen können, und nicht die Carstensz-Pyramide.

Wohl wahr. Aber für mich zählt der Hügel in Australien eben nicht zu den „Seven Summits".

Welchen Eindruck haben Sie von Wolfgang Fasching erhalten?

Wolfgang ist eine herausragende Persönlichkeit und ich bin froh, dass er Teil unserer Gruppe war. Er ist sportlich, höflich, freundlich, lustig – eine Person, die man gernhaben muss und der man folgen sollte. Wir plauderten öfters miteinander. Seine Erfolge, aber mehr noch seine Erfahrungen und Erlebnisse, auf dem Rennrad sind beeindruckend. Für mich ist Wolfgang eine von jenen seltenen Personen, die dir begreifbar machen, wie du selbst zu einem besseren Menschen wirst, und dass nichts unmöglich ist, wenn du es nur willst. Er ist eine Inspiration. Ich hoffe, dass ich den Kontakt zu ihm nicht verlieren werde!

PERSON, BERUF, BERGE

Juan Glenn wurde im Jahr 1963 in Monterrey im Nordosten Mexikos geboren, lebt aber seit 20 Jahren in Mexicali im Nordwesten. Der gelernte Ingenieur vertreibt Sonnenbrillen an Wiederverkäufer und sagt über sich, dass er keine große Erfahrung im Bergsteigen habe: „Es ist nur ein Hobby für mich. Ich liebe Bergsteigen, weil große Erhebungen für mich großartig und gewaltig sind." Glenn geht seit zehn Jahren in die Berge; um seine „Seven Summits" zu komplettieren, fehlen noch die Besteigungen von Mount Vinson und Mount Everest. Dies ist auch sein Traum: eines Tages auf dem Dach der Welt zu stehen.

Heinrich Harrer

Bergsteiger-Star der Nationalsozialisten

Auf Reisen gleichen wir einem Film, der belichtet wird. Entwickeln wird ihn die Erinnerung.

(Max Frisch)

„Die Wahrheit ist, dass ich ein junger armer Schlucker aus Kärnten war, der sich als Abenteurer und Forscher verwirklichen wollte. Ich wollte, dass man auf mich aufmerksam wird." Die Tore zu einer „größeren Welt" öffnen sich für Heinrich Harrer – 1912 als Sohn von Vater Josef, einem Postbeamten, und der Mutter Johanna in dem kleinen Dorf Obergossen in Kärnten geboren – und er kommt zu seinen Chancen, als der Vater zuerst nach Bruck an der Mur und dann, 1927, nach Graz versetzt wird.

Harrer geht an die Realschule in Graz. Mit 17 tritt er dem national-freiheitlichen Akademischen Turnverein Graz bei. Dort übt er sich im Skifahren, im Bergsteigen, in der Leichtathletik, und auf der Tauplitz kümmert er sich um die vereinseigene Schutzhütte. An der Karl-Franzens-Universität in Graz studiert er von 1933 bis 1938, macht das Lehramt in Geographie und Sport.

1936 will Harrer an den Olympischen Spielen in der Abfahrt und im Slalom teilnehmen. Er wird nicht zugelassen, mit dem Verweis auf den Amateurstatus: alle österreichischen Skifahrer waren Skilehrer und galten damit als Profis.

1937 wird Harrer Akademischer Weltmeister im Abfahrtslauf, kurz darauf Nationaltrainer der österreichischen Damenski-Nationalmannschaft. 1938 macht er sich mit Fritz Kasparek, Anderl Heckmair und Wiggerl Vörg auf, um den gefürchteten Eiger zu erklimmen. Es ist ein riesiges Spektakel, als sie am 21. Juli in die „Mordwand" einsteigen, umringt von der Presse, die alle mit einer Sonderberichterstattung dabei sein wollen – Rundfunksendungen werden unterbrochen, um den neuesten Stand der Besteigung zu vermelden; sogar ein Flugzeug mit Berichterstattern umkreist die Wand; live wird der Aufstieg von der halben Welt mitverfolgt. Drei Tage brauchen die Männer, bis sie, nach großen Anstrengungen, verletzt, erschöpft, am Gipfel des mörderischen Eigers stehen. Es tobt ein schwerer Schneesturm. Sie schütteln einander die Hand. Sie haben es geschafft. Das „letzte Problem der Alpen", die Eiger-Nordwand, haben sie als Erste durchstiegen.

Die Bergsteiger erhalten persönliche „Audienz" bei Hitler; die Propagandamaschinerie der Nazis setzt sich in Bewegung; im NS-Verlag erscheint ein Buch, in dem der große Erfolg des Deutschen Reiches gefeiert wird: „Wir haben die Eiger-Nordwand durchklettert über den Gipfel hinaus bis zu unserem Führer!", so lauten da die Worte Harrers. In späteren Jahren bestreitet er, das geschrieben zu haben – nationalsozialistische Ghost Writer hätten ihm die Worte in den Mund gelegt.

Zum Zeitpunkt der Besteigung war Harrer als Einziger der vier Männer Mitglied der NSDAP und der SS. Heckmair und Vörg gehörten nie der NSDAP an. Der Wiener Kasparek gehörte zu den sozialistischen Naturfreunden, trat jedoch nach dem Erfolg – auf Einladung von Himmler – der Waffen-SS bei. Und Heinrich Harrer war zum Bergsteiger-Star des nationalsozialistischen Regimes geworden.

Kurz nach seiner – ebenfalls von Himmler forcierten – Hochzeit im Dezember 1938 mit Lotte Wegener, der jüngsten Tochter des bekannten Grönland-Forschers Alfred Wegener, wurde Harrer 1939 eingeladen, an der deutschen Erkundungsexpedition zum Nanga Parbat im Himalaya teilzunehmen. Das Unternehmen fand im Herbst ein jähes Ende, als die Expeditionsmitglieder von indischen Soldaten verhaftet und in britische Internierungslager, zuletzt nach Dehra Dun, gebracht wurden. Im Dezember 1939 bringt Lotte Wegener Harrers Sohn zur Welt. Es wird das einzige Kind Harrers bleiben.

Nach mehreren Versuchen gelingt ihm 1944 mit sieben anderen, darunter Peter Aufschnaiter, die Flucht. Nach fast zwei Jahren im Schnee des Himalaya erreichen die beiden 1946 die „verbotene" tibetische Hauptstadt Lhasa. Aufschnaiter berät die Regierung in landwirtschaftlichen und städtebaulichen Fragen, Harrer übersetzt und fotografiert für den XIV. Dalai Lama, unterrichtet ihn bis zu dessen Flucht nach Indien in der westlichen Form des Rechnens, in Englisch und Geographie. Harrer verlässt Tibet 1951, über Indien kehrt er nach Europa zurück; eine lebenslange Freundschaft wird ihn mit dem XIV. Dalai Lama verbinden.

Noch in Indien beginnt Heinrich Harrer sein Buch „Sieben Jahre in Tibet" zu schreiben. Es erscheint 1952 und macht ihn zum Helden der 50er Jahre. Seine romantischen Erzählungen über ein in unvorstellbarer Ferne liegendes Tibet und die phantastischen Abenteuer auf den Gipfeln des Himalaya begeistern die Menschen. Das Buch verhilft ihm zu unvergleichlichem Bekanntheitsgrad – noch 1997 wurde es mit Brad Pitt in der Hauptrolle von Hollywood verfilmt, nicht ohne Skandal: deutsche Journalisten machten kurz vor der Premiere die NS-Vergangenheit Harrers in der internationalen Presse bekannt, Szenen im Film mussten deshalb umgeschrieben werden.

Im Laufe seines Lebens schrieb Harrer mehr als 20 Bücher über seine Expeditionen in ferne Kulturen. Waren sie in den ersten Jahrzehnten noch von schwerem Pathos und einer Bewunderung für die „erhabene" Natur und den Kampf des Individuums, sich in ihr zu behaupten, geprägt, so entwickelten sie sich im Lauf der Zeit zu einer Fülle an Reisebeschreibungen und Forschungsberichten, die Harrer den Ruf des „letzten Abenteurers von wissenschaftlichem Rang" eintrugen. Harrer erzählte gerne und gut, und zwischen 1965 und 1983 schilderte er viele Episoden in der ARD-Fernsehreihe „Heinrich Harrer berichtet". In seiner Biographie sagt er als Antwort auf die Frage, warum er so ein außergewöhnliches Leben geführt habe: „Die Frage, warum man etwas Ungewöhnliches unternimmt, stellt sich gar nicht. Die Begründung könnte ganz einfach die Lust am großen Abenteuer sein."

Ungewöhnliches unternahm er tatsächlich – die Erstbesteigung des Ausangate im Amazonasgebiet, die Erstbesteigung von Mount Hunter, Mount Deborah und Mount Drum in Alaska, die Erstbesteigung der Carstensz Pyramide; die „Entdeckung" vorsteinzeitlicher Stämme auf den Andamanen, die Reisen zu den Urwaldbewohnern in Guayana und am brasilianischen Xingu, die Abenteuer mit den Pygmäen im Kongo und die strapaziöse Erstdurchquerung von Neuguinea mit der legendären Tour zur „Quelle der Steinäxte". Mehrfach kehrte Harrer nach Asien zurück, bereiste Sikkim, Nepal, Bhutan; 1982 gab es ein Wiedersehen mit dem zerstörten Tibet, 1991 reiste er noch einmal nach Ladakh.

Die Ehe mit seiner ersten Frau Lotte wurde noch während seines ersten Asienaufenthalts geschieden; eine zweite Ehe mit Etta Truxa, ab 1952, dauerte nur ein Jahr und wurde nach Harrers Amazonas-Expedition geschieden. Bis zu Harrers Ableben bestand seine dritte Ehe mit Carina, die er 1962 in Kitzbühel heiratete.

Harrer, der „persönlich mit Verbrechen der Nationalsozialisten nichts zu tun hatte", war seit 1933 SA- und seit 1938 SS-Mitglied. Den Beitritt zur SA bezeichnete er 1997 als Fehlinformation. Seine Mitgliedschaft in der SS sei notwendig gewesen, um die „steirische SS als Sport- und Skilehrer zu betreuen". Tatsächlich habe er keine Stunde lang diese Tätigkeit ausgeübt. Erst am Ende seines Lebens bezeichnete er seine Begeisterung für den Nationalsozialismus als einen Irrtum.

„Alle Träume des Lebens beginnen in der Jugend", so schrieb Harrer 1952. Er hat sich seine Träume erfüllt und wurde einer der populärsten Bergsteiger überhaupt. Er war stolz darauf, ein Leben als „Wanderer in der Welt" zu führen – einer Tradition vieler Sportler folgend, die davon überzeugt sind, dass Sport nichts mit Politik zu tun hat. Doch wie sagte schon Lao-Tse: „Eine Reise von tausend Meilen beginnt mit einem einzigen Schritt." Die Glaubwürdigkeit Harrers in der Aufarbeitung seiner jugendlichen „Träume" bleibt umstritten. „Ich habe gelernt, jeden Tag wie ein Geschenk zu genießen. Was dann unabwendbar geschieht, kann ich nur mit Ruhe und Vertrauen abwarten", mit diesen Worten beschließt Harrer seine Biographie. 94-jährig stirbt er 2006 in seiner Heimat Kärnten. Er habe „mit großer Ruhe seine letzte Expedition angetreten", schrieb die Familie in der Mitteilung an die Presse.

Russland
Schwarzes Meer
ELBRUS
5642 m (Westgipfel)
5621 m (Ostgipfel)
Georgien
Türkei

3

Geographische Breite: 43°21' N
Geographische Länge: 42°26' O

ELBRUS

in Russland, Europa

Höhe: 5642 m (Westgipfel), 5621 m (Ostgipfel)
Geologische Lage: in der Kaukasusrepublik Kabardino-Balkarien

Erstbesteigung des Westgipfels: 28. Juli 1874
Erstbesteiger: Florence Craufurd Grove, Frederick Gardiner, Horace Walker (alle Großbritannien), Peter Knubel (Schweiz)
Aufstieg: Normalroute

Bestiegen am 20. Mai 2008 zusammen mit Alois Furtner

Tu was du kannst, mit dem, was du hast, dort, wo du bist.
(Theodore Roosevelt)

3

„Der Tag war perfekt. Keine Wolke am Himmel, kein Nebel am Horizont; ich denke, dass sich ein Mensch nur schwer eine solch wunderbare Fernsicht wünschen konnte, die wir vom Gipfel dieses Berges genossen. (...) Der Blick vom höchsten Punkt des Elbrus ist gewaltiger und schöner als ich mir vorgestellt hatte und übertraf die Sicht von den Bergen, die ich in vielen Jahren in den Alpen bestiegen hatte."

Dies schreibt Erstbesteiger Florence Craufurd Grove in seinem Buch „The Frosty Caucasus", und zwar zu einer Zeit, 1875, als noch weniger als heute geklärt war, ob denn nun der Mont Blanc oder der Elbrus der höchste Berg Europas ist. Es ist immer noch eine Ansichtssache, da es keine eindeutige Grenze wie bei anderen Kontinenten gibt. Eine historische Definition der Grenze zwischen Europa und Asien fehlt. Nach sowjetisch-russischer Interpretation gilt die Manytsch-Niederung im Bereich zwischen Kaspischem und Schwarzem Meer als Grenze der Kontinente; im englisch- und französischsprachigen Raum wird die Wasserscheide des Kaukasus als trennendes Element betrachtet. In erstem Fall ist der Elbrus asiatisch, im zweiten Fall europäisch.

Sicher hingegen ist, dass der Elbrus mit seinem Doppelgipfel ein erloschener Vulkan ist, der vor rund 2000 Jahren zum letzten Mal ausgebrochen ist, und dass mehr als 70 Gletscher von den Elbrushängen rund 150 Quadratkilometer hinunter ins Tal mit Eis bedecken. Genannt wurde er von den Arabern „Berg der Sprachen" (Dschabal al-alsun), weitere Namen waren auch „Thron der Götter", „Ort der Glücklichen", „Heilige Höhe". Elbrus leitet sich vom georgischen Wort für „kegelförmiger Berg" ab. Auf ihm soll, der Sage nach, die Arche Noah vorübergehend gestrandet sein, ehe sie bis zum Berg Ararat weiterfuhr. Und noch eine Bezeichnung gibt es für diesen Berg: „Kleine Antarktis", aufgrund seiner gewaltigen Eismassen.

Es wäre vermessen zu behaupten, dass ich den Elbrus als schönsten und wertvollsten aller meiner „Seven Summits" einstufe, und ich weiß, dass ich mit meiner Meinung nicht allein dastehe. Andere, Josep Pujante beispielsweise, haben es deutlicher formuliert, gemeint, dass er wohl der unwichtigste aller sieben Gipfel ist. Doch gleichzeitig haben all diese auch hervorgehoben, worum es beim Elbrus geht: nicht nur um den Gipfelsturm, sondern auch um die Auseinandersetzung mit einer so nahen und doch so unbekannten Region, mit der dort herrschenden Geschichte und Tradition.

Die Reise in das russisch-georgisch-tschetschenische Grenzgebiet beginnt mit einer viertägigen Großglocknertour, die mir zur Akklimatisation dient.

Sie beginnt mit einer ewig langen Warterei auf der russischen Botschaft in Salzburg, bis wir endlich die notwendigen Papiere für die Einreise nach Russland erhalten. Und sie beginnt mit einem Flug von München nach Mineral'nye Vody, in einer alten, klapprigen Tupolev, die so richtig laut in der Luft liegt und in der alle Ablagefächer über den Sitzen aufgehen, als sie landet. Das Bordpersonal scheint daran gewöhnt zu sein, im Handumdrehen sind alle Fächer auch wieder geschlossen.

Mit dabei ist Alois Furtner; viele wissen, dass er ein sehr guter Sportfotograf ist, wenige wissen, dass er ein richtig guter Bergsteiger war (und immer noch ist). „Fudschi", wie er von den Freunden seit seinen Hauptschulzeiten genannt wird, war einer der ersten, der von meinem „Seven Summits"-Projekt erfahren hat. Mit ihm fühle ich mich wohl, ich kann mich mit ihm austauschen und mich auf ihn verlassen. Gemeinsam haben wir die Elbrus-Expedition geplant, der Zeitplan ist eng, aber machbar. Vorgesehen haben wir lediglich acht Tage.

In Mineral'nye Vody werden wir beiden Österreicher und andere Bergsteiger aus Frankreich, Spanien, Kanada und den USA von unserer Bergführerin erwartet, und schnell fällt uns auf, was ihr fehlt: das Lachen und Lächeln. Oksana ist auch aufgrund ihrer Mentalität eine zurückhaltende, ernste und strenge Frau, doch das ist auch irgendwie verständlich. Sie trägt die Verantwortung für alle erfahrenen und unerfahrenen Bergsteiger, die sich an den Elbrus wagen und teilweise überfordert sind. Sie muss erklären, dass es keine Hubschrauber gibt und dass bei Erfrierungen und Verletzungen niemand hinuntergeflogen werden kann. Oksana scheint immer unter Druck zu stehen, und das sieht man ihr an.

Doch nicht ihre Gemütsverfassung ist für die nächsten vier Stunden mein Problem, sondern der Fahrer des Autos, der uns 250 Kilometer Richtung Süden nach Azau bringt. Kontrollposten der Polizei sind zu passieren, die Landschaft wird karger und rauer und die Berge höher. Doch Schlaglöcher hin oder her – der Fahrer rast darüber hinweg, als ob er sich auf der Westautobahn zwischen Salzburg und Wien befände. Mehrmals deute ich ihm höflich, ob er nicht etwas langsamer fahren könne, doch entweder werde ich nicht verstanden, oder er will mich nicht verstehen. Auf alle Fälle wird das Tempo erhöht, nicht verringert. Rückblickend betrachtet: Die Anreise war gefährlicher als die Bergbesteigung.

Es ist das erste Mal, dass ich in Russland bin. Die massive Polizeipräsenz fällt mir auf, was aber in diesem Fleckchen der Welt nahe der Unruheprovinz Tschetschenien und der Grenze zu Georgien sogar nachvollziehbar ist. Und in unserem Hotel in Azau werde ich mit einem Essen konfrontiert, das, liebevoll formuliert, gewöhnungsbedürftig ist. Nur die Suppe löffle ich aus.

Azau, das Basislager quasi, liegt auf 2200 Metern und ist ein lokales Skigebiet. Es gibt Lifte, Skifahrer und Snowboarder. Und es gibt massenweise Bergsteiger – die sich mit einem rostigen und mit Rostschutzfarbe angestrichenen Sessellift hinauf nach Cheget, einem kleinen Touristenort mit einem bestimmten Flair, transportieren lassen. Auch ich bin dabei, ich verbringe dort einen Akklimatisationstag, ehe es wieder hinunter ins Hotel geht.

Einen Tag später fahren wir erneut mit Sessellift und anschließend einer Gondel, die wohl aus dem vorletzten Jahrhundert stammen muss, auf 3800 Meter Seehöhe auf die Bergstation Garabashi. Wir beziehen unser Lager in den „Botschki", was russisch ist und „Fässer" bedeutet. In der Tat finden in solchen Fässern sechs Personen Platz zum Schlafen. Milben sind Stammgäste. Ich erinnere mich an meine Lektüren: dass 1929 elf Wissenschaftler eine kleine Hütte, die „Prijut 11" („Unterkunft der 11") errichtet hatten und dass diese bis in die 90er Jahre bis auf 200 Schlafplätze ausgebaut worden war. Und dann wollten Bergsteiger 1998 einen kleinen Brand mit Benzin löschen – die Hütte wurde zerstört, ein Alpinist getötet, viele weitere verletzt. Und jetzt liegt man unter anderem in Tonnen. Es fehlt an Geld und Wille, die Vergangenheit aus den Trümmern der Ruine auferstehen zu lassen. Die „Unterkunft der 11" ist eine Müllhalde geworden.

Ich sortiere die Ausrüstung und mache mit Alois Furtner eine Skitour bis auf 4500 Meter. Es ist extrem heiß, doch wir beide wissen, dass die klimatischen Bedingungen die größten Unsicherheitsfaktoren am Elbrus sind. Der Berg steht isoliert von der kaukasischen Hauptkette. Sein Klima kann mild sein aufgrund seiner Nähe zum Kaspischen Meer, doch das Wetter kann sehr schnell umschlagen, rau und ungemütlich werden. Die größte Herausforderung ist die Akklimatisation, denn in sehr kurzer Zeit geht es mit Sessellift und Gondel von 2200 m auf 3800 m.

Am Tag vor der Besteigung kontrollieren wir unser Material, und Oksana, die Bergführerin der ernsten Gestalt, nimmt uns zur Seite, um ein Sicherheitstraining durchzuführen. Sie will wissen, ob wir mit den Sicherheitsmaßnahmen vertraut sind, ob wir mit Pickel und Steigeisen umgehen können, ob wir richtig reagieren können, wenn einer von uns stürzen sollte. Sie nickt zustimmend mit dem Kopf als sie sieht, dass wir uns geschickt anstellen.

Das Angebot, mit einer Pistenraupe, oder Ratracs, bis zum Einstieg in die Wand gefahren zu werden, lehne ich ab. Ich will den Berg ab den Tonnen zu Fuß erklimmen. Ich mache mich mit einem spanischen Bergsteiger auf den Weg; wir benötigen rund zwei Stunden für eine Strecke, die der Rest der Gruppe später motorisiert in 20-30 Minuten zurücklegt. Am Pastuchow-Felsen, der nach dem russischen Topographen Andrej Wassiljewitsch Pastuchow benannt ist, warte ich auf Alois Furtner und die anderen. Mir ist richtig kalt, der Wind zieht auf meinen Nacken, und mir scheint fast, als würde ich mir leichte Erfrierungen zuziehen. Der Name der Felsen klingt eindrucksvoller als die Realität ist. Der Pastuchow-Felsen ist ein schneefreier Grat, ein Gehgelände, in dem die Skistöcke eine angenehme, aber nicht unbedingt notwendige Hilfe sind. Wäre der Gletscher zwei Meter höher – es gäbe diese Felsen gar nicht.

Oksana lässt Alois und mich alleine gehen, nachdem sie tags zuvor gesehen hat, dass wir gerüstet sind und unsere Kenntnisse für die Gegebenheiten ausreichen. Ab dem Felsen folgt ein mühsamer und langer Aufstieg. Ich trage Bekleidungsmaterial der „Seven Summits"-Linie von Intersport Eybl mit mir, um damit am Gipfel Fotos zu schießen, doch ich schaffe es nicht mehr, das Gewicht zu tragen. Also lasse ich einen Teil des Übergepäcks im Sedlowina-Sattel zwischen Ost- und Westgipfel auf 5400 Metern zurück und hoffe, dass es noch da ist, wenn ich mich auf dem Rückweg befinde.

Der Aufstieg ist beschwerlich. Wir benötigen acht Stunden und überwinden 1800 Höhenmeter, doch jeder einzelne hat sich bezahlt gemacht, als wir endlich am Gipfel stehen. Es ist ein Traumtag, die Sicht beeindruckend. So, wie ich mich jetzt fühle, muss sich auch Florence Craufurd Grove gefühlt haben, der als erster Mann auf diesem Berg gestanden ist. Ich bleibe zusammen mit Alois Furtner, meinem Lieblingsfotografen, über eine Stunde auf dem höchsten Gipfel Europas, lasse meine Augen wandern und auch meine Gedanken schweifen.

3

Denk' positiv!

Es sind keine düsteren Gedanken, die ich im russischen Hinterland hege; ich beschäftige mich gerne mit jenen Nationen, in denen ich mich gerade befinde, versuche zu verstehen und zu begreifen, warum die Historie diesen oder jenen Verlauf genommen hat, und was hinter besonderen Traditionen steckt. Ich denke darüber nach, dass mich gerade das positive Denken auf den Gipfel des Elbrus geführt hat.

Positives Denken ist einfach, wenn man auf der Welle des Erfolgs surft, gerade im Lotto gewonnen hat oder wenn alles leicht von der Hand geht. Aber entscheidend ist, positiv zu denken, wenn man gerade in einer beruflichen oder persönlichen Krise steckt, oder wenn man gerade Taten vollbringen soll, die sich wie eine Sisyphosarbeit anfühlen. Der Aufstieg zum Elbrus ist alles andere als angenehm. Es ist ein langer, beschwerlicher Marsch über Eis. Ich sage mir: „Du kannst dir aussuchen, ob du diese Herausforderung als Optimist oder Pessimist angehen willst. Doch eines muss dir auch klar sein: Die Welt braucht Optimisten…"

Wir brauchen die Welt, in der so vieles in Politik, Wirtschaft, Gesellschaft, falsch läuft, nicht schönreden. Wir müssen uns aber ständig vor Augen halten, dass positives Denken der erste Schritt zur Verbesserung herrschender Umstände ist. Weitergeholfen hat mir das Buch von Dale Carnegie mit dem Titel „Sorge Dich nicht, lebe!", das ich wärmstens weiterempfehlen kann. Viele weitere Autoren befassten sich mit der Thematik des positiven Denkens, beispielsweise Napoleon Hill, Joseph Murphy oder Norman Vincent Peale. Die gleichbleibende Botschaft ist: Wer nach Erfolg strebt, bekommt ihn auch. Wer Unglück erwartet, ebenfalls. Das Konzept ist jenes der „self-fulfilling prophecy", der sich selbsterfüllenden Prophezeiung oder, wenn man so will, jenes des Volksmundes: „Jeder ist seines eigenen Glückes Schmied".

Tatsache ist, dass wir von unserer Umwelt an Reaktionen das erhalten, was wir uns erwarten. Nehmen wir einmal an, dass ich mit Bekannten darüber spreche, nicht zu glauben, den Elbrus besteigen zu können, weil die Wetterumschwünge zu rapide sind, weil es eine lange Gehzeit ist, weil es monoton und kräfteraubend ist. Dann werde ich als Antwort erhalten: Ja, ja, ganz schwierig, lass es lieber gleich bleiben. Wenn ich indes kommuniziere, dass ich mich auf den Elbrus freue, dass es zwar nicht ganz einfach sein dürfte, aber durchaus machbar, dass ich gut vorbereitet bin, dann werden meine Gesprächspartner meinen: Wenn es einer schaffen kann, dann du! Es kommt nicht auf andere an, sondern nur auf dich: „Du schaffst, was Du willst!" ist übrigens auch der Titel meines Bestseller-Ratgebers.

Positives Denken kann zu jähem Erwachen führen, wenn die Vorsicht außer Acht gelassen wird. Oftmals wird positives Denken einfach falsch interpretiert, mit Verwegenheit und Risikobereitschaft gleichgesetzt. Nein: Positives Denken heißt, das Leben aktiv zu gestalten, Chancen zu sehen, abzuwägen und zu nutzen. Positives Denken heißt, sich nicht entmutigen zu lassen von der ersten Hürde und von den ersten negativen Zwischenrufen anderer. Der Blick in die Zukunft muss nämlich vom Optimismus beseelt sein. Positives Denken ist realistisches Denken im Rahmen der Möglichkeiten!

3

Ein Berg der Alpen?

Das abgelegte Gepäck ist noch da, als ich vom Gipfel absteige. Übrigens: In den gesamten „Seven Summits"-Reisen ist mir genau ein Eispickel abhanden gekommen, am Mount Everest, und da bin ich mir nicht ganz sicher, ob nicht ich ihn verloren habe. Am Berg wird nicht gestohlen. Jeder, der sich dort aufhält, ist bereits bestens ausgerüstet. Und wenn doch: Man könnte mir nichts entwenden, was ich zum Überleben in Extremsituationen brauchen könnte. Dieses Material trage ich nämlich immer bei mir.

So schön der Aufstieg und die Fernsicht am Gipfel sind, so schlecht ist der Abstieg. Am Nachmittag, auf dem Weg nach unten, herrscht dichter Nebel. Wir müssen uns an den gesetzten Fähnchen orientieren – somit ist mindestens der Weg vorgegeben – und kommen nur schrittweise voran. Langsam geht mir die Kraft aus, und die Erklärung ist banal. Mir ist ein klassischer Bergsteiger-Fehler unterlaufen an diesem Tag, ich habe zu wenig getrunken und zu wenig gegessen.

Als ich endlich auf der Höhe der Pastuchow-Felsen absteige und anschließend die ungeliebten Fässer erreiche, weiß ich, wieder einen Berg meiner „Seven Summits" von der Liste streichen zu können. Es wird eine richtig erholsame Nacht, ich schlafe sehr gut.

Am nächsten Tag geht es zurück nach Azau. Alois und ich machen einen Abstecher in das Museum, besuchen den Wasserfall und die Fischzucht. Am Abend findet die Abschiedsfeier statt, in deren Rahmen auch die Erinnerungsurkunden ausgeteilt werden. Und wir wären nicht in Russland, würden nicht auch schon fünf Flaschen Wodka auf dem Tisch stehen – aber heute nicht für mich.

Der Rückweg ist mit der Hinfahrt identisch. Auf dem Flugfeld von Mineral'nye Vody, das aufgrund der vielen kaputten und verschrotteten Maschinen mehr einem Flugzeugfriedhof gleicht als einem aktiven Flughafen, empfängt uns die gleiche alte klapprige Maschine wieder, mit der wir auch nach Russland geflogen sind.

Auf dem Weg zurück nach Mitteleuropa gehen mir viele Gedanken durch den Kopf. Ich weiß meine Leistung nicht richtig einzuschätzen. Der Elbrus ist ein schöner Berg, und seine Lage macht ihn irgendwie exklusiv. Er könnte genauso gut in den Alpen stehen, er würde gut in das Bergmassiv der Schweiz passen, denke ich mir. Aber ist es etwas Besonderes, ihn bestiegen zu haben? Ich halte mich für einen vernünftigen Bergsteiger mit großer Willenskraft – und wenn man etwas tatsächlich will, erreicht man es im Rahmen des Realistischen auch. Der Elbrus, sinniere ich, ist niedriger als der Kilimandscharo. Doch ich weiß, dass er aufgrund der ausgesetzten geographischen Lage, des schnell wechselnden Wetters und aufgrund der Kälte ein besserer Gradmesser für „Summits" wie Aconcagua, Mount McKinley und Mount Everest ist als der höchste Gipfel Afrikas. Der Elbrus bringt jene Freude mit sich, die ich auf jedem erklommenen Gipfel verspüre, die Genugtuung, es geschafft zu haben, aber nicht die Erinnerungen eines bedeutenden, herausragenden oder gar gefährlichen Gipfelsieges. Der Elbrus ist eben ein Berg, der im Zuge eines „Seven Summits"-Projekts erklommen werden muss. (Mittlerweile war ich schon zwei Mal dort, zuletzt im Mai 2010.)

3

Positives Denken, Interesse, Motivation. Das sind die mentalen Eigenschaften, die am Elbrus zählen. Ich denke an meine Vergangenheit, an meinen Lehrberuf, an das Studium, an die Erlangung der Helikopter-Flugscheine. Das sind alles unterschiedliche Thematiken, doch mit meinem Interesse für sie kam parallel dazu die Motivation. Nein, ich fühle mich nicht besonders getrieben, auch dann nicht, wenn ich mir vornehme viel zu lesen, womöglich ein Buch pro Woche. Je mehr ich allerdings tue, umso mehr erkenne ich, was es noch an anderem gibt. Meine Geisteshaltung spiegelt sich auch im Umgang mit anderen Menschen wieder. Es fällt mir schwer, diese für etwas zu motivieren, wenn ich merke, dass es diese selbst nicht interessiert. Warum sollte ich mich, als Außenstehender quasi, damit auseinandersetzen müssen?

Alois Furtner:

„Wolfgang hat außergewöhnliche Willenskraft"

Alois Furtner, Sie haben Wolfgang Fasching als Fotoreporter bei der Besteigung des Elbrus begleitet. Welche Erinnerungen haben Sie vom Gipfeltag?

Ich will mit den letzten paar hundert Metern vor dem Gipfel beginnen. Da bin ich vorausgeeilt, weil ich einige Fotos von Wolfgang schießen wollte und habe deswegen die letzten hundert Meter zusammen mit einem Kanadier zurückgelegt. Dieser erzählte mir, dass er diesen Tag seiner sechs Monate alten Tochter widmet, und da kamen Tränen in mir hoch. Ich erinnerte mich nämlich zurück an das Jahr 1978, als ich den Cho Oyu, die „Göttin des Türkis" im Himalaya mit minimaler Ausrüstung erklommen und dabei eine 3500 Meter hohe Wand in einem Zug zu durchsteigen hatte. Meine Frau war im siebten Monat mit Florian schwanger, und ich hatte in Kathmandu vier Türkise gekauft, einen für meine Gattin, einen für unser Kind, einen für mich, einen für den Berg. Am Gipfel, auf 8188 m, zog ich ein Messer hervor. Mein Gefährte Edi Koblmüller befürchtete schon, dass ich mir etwas antun würde oder dass ich irgendwelche Probleme mit der Ausrüstung hätte. Doch das Gegenteil war der Fall, ich wollte lediglich die Kette durchtrennen, an denen die vier Türkise hingen. Es sollte mein tiefstes und schönstes Erlebnis werden – es war ein Jahrhundert-Abenteuer, das ich gut überstanden habe – mit der Gnade der Götter.
Am Elbrus wiederholte sich in irgendeiner Weise die Geschichte, ich widmete meinen Gipfelerfolg meinem fünften

Kind, meiner jüngsten Tochter, Anna-Lena, doch ich empfand bewegendere Gefühle als damals. Vielleicht, weil ich vor 30 Jahren doch mit der Höhe und dem Sauerstoffmangel auf 7000 m oder 8000 m zu kämpfen gehabt hatte.

Wie ist es Ihnen auf knapp 6000 Metern ergangen?

Ausgesprochen gut. Der Gipfeltag war ein Geschenk des Himmels, es herrschte Windstille. Es war angenehm kalt, ich war in der Lage, mit bloßen Händen zu fotografieren. Und ich hatte auch keine Probleme mit der dünnen Luft, denn ich hatte mich gut vorbereitet, war zu Hause regelmäßig laufen gewesen und hatte mich unter ärztlicher Aufsicht im Revital-Zentrum Aspach in Unterdruck-Kammern aufgehalten. Am Elbrus selbst war ich, ohne dass ich es wusste, von einem Höhenmediziner beobachtet worden. Beim Rückflug saßen wir nebeneinander, und er sagte mir, dass ich einen guten Rhythmus gehabt hätte auf dem Weg zum Gipfel.

Was bedeuten für Sie die „Seven Summits"?

Es sind schöne, interessante Berge, aber es war und ist nicht mein Ziel, sie zu besteigen. Der Elbrus ist mir quasi in den Schoß gefallen, Wolfgang wollte mich als Fotograf bei einer Tour dabei haben, und ich habe gerne zugesagt. Nach fast 20 Jahren Bergsteigerpause bin ich seit 2007, 2008 wieder vermehrt im Gebirge unterwegs, und Russland war ein Erlebnis. Sicher, der Kontrast fährt einem unter die Haut: Hier eine wunderschöne Gegend, sensationelle Berge und Aussichten, dort verkommene und schmuddelige Stützpunkte für die Bergsteiger, Militärfahrzeuge als Planierraupen, unfertige Hotelanlagen, verrostete Gondeln neben hochmo-

dernen Doppelmayr-Liftanlagen. Ich habe viele russische Bekannte, die ich schätze. Aber am Fuß des Elbrus habe ich die Bedeutung der abwertenden Aussage „Das ist russisch" anhand herrschender Zustände erkannt und salopp interpretiert: „Da ist einfach nicht aufgeräumt."
Wichtig am Elbrus war mir, meinem Auftrag in bestmöglicher Art und Weise nachzukommen und gute Fotos abzuliefern. Deswegen fuhr ich auch mit der Pistenraupe bis zum Pastuchow-Felsen, weil ich vom warmen Wetter der Vortage müde war und weil ich mit dieser mühelosen Anfahrt Kräfte für später sparen wollte.

Welchen Eindruck haben Sie von Wolfgang Fasching gewonnen?

Wolfgang ist eine Konditionsmaschine, geprägt aufgrund all seiner Teilnahmen beim Race Across America und anderen Langstreckenrennen. Er hat aber nicht nur außergewöhnliche Organe, sondern auch außergewöhnliche Willenskraft. Und er verhält sich immer ökonomisch, geht mit seinen Kräften fein dosiert um. Wolfgang ist durch und durch Profi. Ich denke, dass es mir am Tag der Besteigung unwesentlich besser gegangen ist als ihm, doch er hat sich nichts anmerken lassen, sein Ziel erreicht und sein zusätzliches Vorhaben – schöne Fotos vom Elbrus zu bekommen – realisiert.

PERSON, BERUF, BERGE

Alois Furtner wurde 1949 in Ried im Innkreis geboren und verbringt sein Leben entweder mit dem Berg- oder Fotorucksack. Von 1969 bis 1989 war er als Extrembergsteiger unterwegs, bestieg u. a. den Cho Oyu ohne Genehmigung, ohne Sauerstoffgeräte und ohne Hochträger, gab einen Management-Posten bei Fischer Ski den Bergen zuliebe auf, verdiente sich von 1991 bis heute sein Geld als renommierter Sportfotograf. Seit 2007 kehrt er, besonders mit seiner jüngsten Tochter Anna-Lena, immer häufiger in die Berge zurück.

Peter Knubel

Der Freund der Berge

Der Berg gehört Dir erst dann, wenn Du wieder unten bist, bis dahin gehörst du dem Berg.

(Kurt Diemberger)

„St. Niklaus Zöifter seid bereit, in ernster Zeit – in froher Zeit, der Freundschaft Treu zu halten. Glaubt unserem Wort, traut unserem Mut, wir sind das junge Fleisch und Blut der Alten." Dieser alte Zunftspruch aus dem kleinen Ort St. Niklaus im Schweizer Wallis beschreibt wunderbar den Zusammenhalt, den die Leute von St. Niklaus, auf Walliserdeutsch Zaniglas, wohl schon immer hatten.

Meist als Bergbauern lebten sie auf ihren Höfen; liebten und kannten ihre Berge. Ihre Schuhe mussten sie nageln, Hanfseile und einfache Pickel nahmen sie mit auf den Berg. So etwas wie Karabinerhaken gab es noch lange nicht. Eis- und Felswände wurden mit selbst gehackten Stufen und dem so genannten Schulterstand überwunden.

1865 gelang dem Briten Edward Whymper die Erstbesteigung des Matterhorns. Dies war der Startschuss für den Aufstieg von Zermatt und St. Niklaus, die weltberühmte Touristenorte und Zentren einer internationalen Bergsteigerbewegung wurden – es war die „Goldene Zeit des Alpinismus", vor allem geprägt durch den British Alpine Club, der ein echter Londoner „Gentlemen's Club" war und dem man so einfach nicht beitreten konnte: eine „ansehnliche" Anzahl „schöner" Gipfel, die man schon bestiegen hatte, war wohl nur eine der gehobenen Aufnahmebedingungen.

1867 baute die Gemeinde St. Niklaus das Grand Hotel, dem andere noble Hotels bald folgten. Ganze Familien verschrieben sich den Bergen, und Männer wie Alois Pollinger, Josef Marie Lochmatter und Peter Knubel zählten zur ersten Generation einer langen Familienkette berühmter Bergführer, die in diesem kleinen Ort geboren wurden.

Peter Knubel kam dort 1833 auf die Welt. Sein Vorfahre Niklaus Peter, ursprünglich geboren in Gressoney-La-Trinité im Aostatal, ließ sich in der ersten Hälfte des 18. Jahrhunderts in St. Niklaus nieder, wo 1795 den Nachkommen Johann Peter, Valentin und Peter Josef das Walliser Landrecht zuerkannt wurde und sie sich Bürger von St. Niklaus nennen durften.

1868 traten Peter Knubel und Josef Marie Lochmatter mit Hochwürden Julius Marshall Elliot die Besteigung des Matterhorns an, zum ersten Mal über den Hörnligrat, jene Route der dramatischen Erstbegehung durch Whymper drei Jahre davor. Spätestens seitdem galt Knubel als „der" Mann vom Matterhorn und als einer der kundigsten Bergführer des Tales. Knubel stieg der Ruhm nicht zu Kopf. Im selben Jahr noch beteiligte er sich am Bau der ersten Matterhornhütte.

Die Besteigung des Balmenhorn durch Marco Maglionini und Albert von Rothschild, die Peter Knubel gemeinsam mit seinem Verwandten Niklaus Knubel und mit Eduard Cupelin 1873 begleitete, wurde als Erstbesteigung diskutiert, blieb aber umstritten. Unumstritten jedoch sind die beiden, die er noch im selben Jahr, im Écrins-Massiv, gemeinsam mit Josef Marie Lochmatter sowie Hans und Peter Baumann, anführte: les Rouies und Roche Faurio; und die des Schwarzhorns, auch noch in dem Jahr, diesmal wieder für Maglionini und Rothschild und im bewährten Team mit Niklaus und Cupelin.

1877 verlor Knubel, der älteste von fünf Brüdern, drei seiner Geschwister: Niklaus, Johann und Peter Josef starben am Gipfelgrat des Liskamm. Oft ging er auch mit seinem Schwager Johann Petrus in die Berge, aber auch er verunglückte tödlich, als er versuchte, den Mont Blanc zu erklimmen. Peter Knubel verstarb 1919 in seinem Heimatort; er hatte Glück – aber auch von seinen vier Söhnen Cesar, Salomon, Rudolf und Josef verlor er einen am Berg: Salomon, der 1902 durch eine Lawine am Wetterhorn getötet wurde. Josef hingegen wurde mindestens so berühmt wie sein Vater – mit unzähligen Erstbesteigungen in den Walliser Alpen, in der Mont-Blanc-Gruppe und mit der Erstbegehung der Eiger-Nordostwand 1932.

Es gibt viele Anekdoten über die außergewöhnliche Ausdauer, Kraft, Kondition und den Mut, die Bergsteiger brauchen. Die vielleicht dramatischste von ihnen ist die Geschichte von Peter Knubels Sprung, als er auf dem Liskamm war, auf der einen Seite ein Schneefeld, auf der anderen ein Abgrund. Zu viert waren die Bergsteiger angeseilt; einer rutschte ab. Der harte Ruck brachte alle anderen aus dem Gleichgewicht und sie verloren den Halt unter den Füßen; für Knubel war es unmöglich, das Gewicht der anderen zu halten. Nur den Bruchteil einer Sekunde hatte er, um zu überlegen, was zu tun war – und: er zögerte nicht. Bevor sich das Seil noch straffen konnte, sprang er in den Abgrund. Der Ruck verhalf seinen Kameraden, ihre Pickel ins Eis zu schlagen; Peter hing wie ein Pendel am Ende des Seils, noch immer in großer Gefahr. Die Sache ging gut aus: er konnte hochgezerrt werden, alle überlebten. Ohne den

Mut Knubels, ohne die Kraft der Kameraden wären sie alle auf ewig im Eis verschollen. Der Sprung Knubels wurde legendär.

1874 trat Florence Craufurd Grove an ihn heran – er wollte den Westgipfel des Elbrus besteigen. Grove war ein renommierter Engländer, Mitglied des British Alpine Club. Schon seit den späten 50ern galt er als erfahrener Alpinist, und er hatte sich – im Unterschied zu vielen anderen – auch dafür einen Namen gemacht, dass er gegen das „führerlose" Bergsteigen war: das Bergsteigen, das beweisen wollte, dass man den Gipfel ohne die Hilfe eines Bergführers schaffte. Knubel nahm an.

Im Team waren neben Grove die renommierten Briten Frederick Gardiner, der seine Erfahrungen in der Schweiz, in Frankreich und in Italien gesammelt hatte und ebenso als erfahrener Bergsteiger galt, sowie Horace Walker, dem 1864 gemeinsam mit seiner Schwester Lucy, seinem Vater Frank sowie den Schweizern Melchior und Jakob Anderegg die Erstbesteigung des Balmhorn gelungen war und der 1868 unter Führung von Melchior Anderegg den höchsten Gipfel der Grandes Jorasses erklommen hatte. Am 28. Juli 1874 standen die Briten, Peter Knubel und der Balkare Ahiya Sottaiev als erste Menschen auf dem hohen Westgipfel des Elbrus, dem höchsten Berg Europas.

Peter Knubel, seine Freunde Josef Marie Lochmatter und Alois Pollinger – sie gehörten zu den so genannten Zaniglaser Pionieren, die den kleinen Ort St. Niklaus zum Zentrum des internationalen Alpinismus machten. Ob es die Glanzleistungen von Lochmatter waren, der bis zu seinem Tode 1882, als er gemeinsam mit seinem Sohn Alex auf der Dent

Blanche umkam, gemeinsam mit seinem Freund Peter die Besteigungen auf das Matterhorn so oft wiederholte, dass sie so etwas wie ein „Besteigungsmonopol" inne hatten; ob es Knubels erster von einem Schweizer erklommener Gipfel in Europa außerhalb der Alpen war – der Elbrus; ob die vielen Erstbesteigungen und die Erfindung des Abseilens mit doppeltem Seil durch Pollinger, der so über den Ferpèclegrat der Dent Blanche abstieg – diesen Leistungen und diesen „Vätern der ersten Stunde" werden gemeinsam mit anderen Wallisern mehr als 300 Erstbesteigungen zugeschrieben. Routen und Berge in der Schweiz, in Frankreich, Norwegen und Kanada tragen ihre Namen – das Lochmatter-Kamin, das Knubel-Kamin, der Imbodentind in Norwegen und andere. Die Bergsteiger aus dem Wallis, diese Männer aus St. Niklaus – sie sind die unumstrittenen Pioniere des Bergführerwesens.

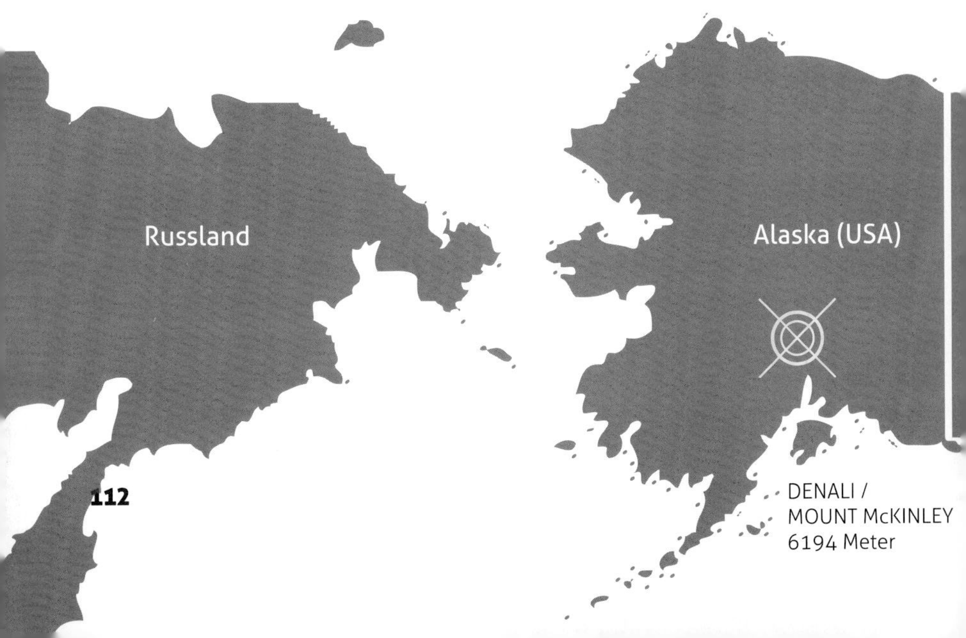
Russland
Alaska (USA)
DENALI /
MOUNT McKINLEY
6194 Meter

4

Geographische Breite: 63°4' N
Geographische Länge: 151°0' W

DENALI – MOUNT McKINLEY

in Alaska (USA), Nordamerika

Höhe: 6194 Meter
Geologische Lage: Alaska Range

Erstbesteigung: 7. Juni 1913
Erstbesteiger: Hudson Stuck (Großbritannien), Harry Karstens, Walter Harper und Robert Tatum (alle USA)
Aufstieg: Muldrow Glacier Route

Bestiegen am 16. Juni 2009 zusammen mit Günter Weixlbaumer

Es spielt keine Rolle, wie langsam Sie gehen, so lange Sie nicht anhalten.

(Konfuzius)

„Der Blick von der Spitze des Mt. McKinley ist wie die Aussicht von einem Fenster des Himmels", schrieb Robert G. Tatum, einer der Erstbesteiger des höchsten Berges Nordamerikas, später, als er von jenem 7. Juni 1913 zurück ins Tal gekehrt war. Am 6. Mai 1794 war der Berg erstmals von einem Europäer entdeckt und in seinen Tagebuch-Aufzeichnungen festgehalten worden. George Vancouver, ein Offizier der britischen Royal Navy, schrieb von einem „entfernten, wunderbaren Berg". Ende des 19. Jahrhunderts hatte dann eine tatsächliche Auseinandersetzung des Menschen mit diesem Massiv begonnen; 1896 war der Berg von Gold-Sucher William Dickey auf den Namen Mount McKinley getauft worden, aus politischem Interesse heraus und in Anlehnung an Präsidentschaftskandidaten William McKinley. Just in diesem Jahr gewann McKinley auch tatsächlich die Wahl und wurde 25. Präsident der USA; 1901 erschossen, folgte ihm sein Vize Theodore Roosevelt in dieser Position nach.

Doch der eigentliche Name des Berges war und ist ein anderer. In der athapaskischen Sprache der Indianer heißt der Berg nahe dem Polarkreis „Denali", was übersetzt „der Große" oder „der Hohe" bedeutet. Während das Naturschutzgebiet in Alaska 1980 bereits umgetauft worden war, trägt dessen Mittelpunkt weiterhin den Namen des ehemaligen Präsidenten, wie der US-Kongress zuletzt 2009 beschlossen hatte. (Ich will in meinen Schilderungen beide Namen verwenden.)

Was den Denali so schwer macht, sind drei Faktoren. Da ist einerseits die Kälte von bis zu minus 60, 70 Grad Celsius, da ist andererseits auch eine Höhendifferenz, die größer ist als jene des Mount Everest. Denn während der höchste Berg der Welt auf einem Plateau von 5200 m liegt und die Höhendifferenz bis zum Gipfel rund 3700 m beträgt, liegt das Basislager des Denali auf 2200 m – bis zum Gipfel sind es 4000 m. Und noch ein dritter Punkt ist sehr zu beachten: ein größeres Risiko für Höhenkrankheit aufgrund seines geographischen Breitengrades. Je höher der Breitengrad, umso niedriger der barometrische Druck. Ein Berg in der Höhe des Mount McKinley würde am Äquator eine Sauerstoffsättigung der Luft von 47 Prozent aufweisen, am Polarkreis beträgt sie aber auf 6200 m weniger als 42 Prozent.

Doch Schwierigkeiten hin oder her – ich habe mich auf den Mount McKinley wirklich gefreut. Zum ersten Mal kam ich mit einem der bekanntesten Berge der Welt 1996 in Kontakt, als ich das „Midnight Sun Race", ein Langstrecken-Radrennen über 660 Kilometer von Anchorage nach Fairbanks, bestritt (und gewann). Es war ein Vorbereitungsrennen für mein erstes RAAM, und wenn man da auf dem Highway Number Three fährt, steht er riesenbreit da – nicht zu übersehen, mit einem interessanten Namen ausgestattet. Ich fühlte, dass es spannend sein würde, sich näher mit diesem Berg auseinander zu setzen.

Doch wie das Leben so spielt, haben der Berg und ich uns aus den Augen verloren. Er beobachtete, wie sich Bergsteiger an ihm abmühten – knapp 30.000 bis heute, die meisten über die in den 1950er Jahren erforschte „West Buttress Route", doch lediglich die Hälfte aller Gipfelstürmer erreichen auch tatsächlich ihr Ziel. Ich hingegen war anderswo auf dem Rad unterwegs, dachte zuweilen zurück an Alaska, aber nicht mehr, den Mount McKinley zu besteigen.

Als das „Seven Summits"-Projekt gestartet wurde, freute ich mich ehrlich auf den Berg in Alaska. Als wir uns über den nördlichsten Bundesstaat der USA befanden, zog der Pilot des aus Europa kommenden Linienflugzeuges eine Extra-Schleife über den Mount McKinley, sodass ihn alle Fluggäste auch sicherlich sehen konnten. Es war eine feine Geste, die die Vorfreude in mir auf dieses Abenteuer weiter steigerte. Die Expedition, die ich gemeinsam mit Günter Weixlbaumer in Angriff nahm, war daheim bis ins Detail vorbereitet worden und sah weder Hilfe eines Anbieters noch Unterstützung vor Ort vor. Mit Günter verbindet mich eine enge, langjährige Freundschaft – diese wurde in jenen Tagen noch weiter vertieft.

Ohne fremde Hilfe also – dass wir dann, quasi aus dem Flugzeug in Anchorage kommend, einer deutschen Taxifahrerin in die Hände liefen, war reiner Zufall. Wir fragten sie nach einem Hotel, und sie half uns nicht nur in diesem Punkt weiter, sondern traf uns auch später, damit wir gemeinsam Gaskartuschen und Lebensmittel kaufen konnten. Und sie brachte uns bis ins Bergsteigerdorf Talkeetna, das rund 125 Kilometer nördlich von Anchorage liegt.

Dort melden wir uns bei den Behörden im Büro des Nationalparks an, besuchen ein kleines Museum, finden uns zum Briefing ein, das Pflichtprogramm für jeden Bergsteiger ist. In dieser Besprechung wird uns der Berg bis ins kleinste Detail erklärt. Man sagt uns, wo in diesem Jahr die gefährlichen Stellen seien, wo es Fixseile gebe. Wir bekommen Fähnchen für die Markierung des Weges und für unsere Depots, auf denen unsere Namen und die vorgeschriebenen „Permit"-Nummern stehen. Man zeigt uns Bilder von erfrorenen Gliedmaßen und weist uns darauf hin, dass gerade ein Bergsteiger vermisst wird. Auch ein „Klokübel" wird uns ausgehändigt; die Fäkalien könnten wir dann in Gletscherspalten werfen.

Naturschutz wird vom National Park Service jedenfalls sehr ernst genommen. Alles gebrauchte Material muss wieder abtransportiert werden; dies ist auch gut so, bei über tausend Bergsteigern, die alljährlich auf den Mount McKinley wollen. Wer sich nicht an die Regeln hält, wird vor Ort finanziell hart bestraft oder aus der Expedition entfernt.

Mit einer einmotorigen Cessna 185 geht es in den Nationalpark hinein; an dessen nordöstlichem Rand liegt unser „Berg der Begierde". Das Basislager erreichen wir nach 45-minütiger Flugzeit auf rund 2200 m Seehöhe. Im Juni ist es zu dieser Jahreszeit 24 Stunden hell, und es ist warm. Wir deponieren Teile unserer Ausrüstung und hatten eigentlich im Sinn, sofort weiterzumarschieren.

Letztlich entscheiden wir uns, das Zelt aufzuschlagen und eine Nacht im Basislager zu verbringen, um uns besser zu akklimatisieren. Wir fragen bei anderen Bergsteigern nach, tasten die Situation ab. Man sagt uns, dass wir spät unterwegs sind für ein Zweierteam, der Gletscher hat schon viele Spalten. Unser Ansatz ist also, in der Nacht zu gehen: da ist es auch hell, und gleichzeitig kühler. Tags darauf packen wir die im Basislager zur Verfügung gestellten Schlitten, schichten das Gepäck, rund 50 kg, und machen uns auf den Weg.

Und gleich zu Beginn haben wir eine erste, kleine Hürde zu überwinden, den „Sweins Hill". Denn gleich nach dem Basislager geht es für rund 300 Höhenmeter bergab, und der Schlitten, wenn nicht richtig gepackt und gezogen, fährt dir andauernd an den Unterschenkel. Nach rund sechs Stunden sind wir in Lager eins, wo mir ein spanisches Trio auffällt, zwei Sportlehrer und ein Freund von diesen. Sie scheinen Profis zu sein, und ihre Bekleidung ist zugeklebt mit Sponsoren und Logos – im Laufe der Tour merke ich, dass der erste Eindruck falsch war. Wir treffen auf eine Gruppe von Amerikanern, die eine Besteigung erneut versucht, nachdem sie im Vorjahr gescheitert war, wir unterhalten uns mit zwei Skandinavierinnen, die es probieren wollen, aber unsicher sind, wie weit sie denn kommen werden.

In den Lagern geht immer die gleiche Routine vor sich. Ich bin müde, gleiche meinen Flüssigkeitshaushalt aus, beginne mit dem Zeltaufbau und lege Wert darauf, das Material zu kontrollieren. Die verschwitzte Kleidung wird zum Trocknen gelegt, dann beginnt man mit dem Kochen. Auf vorgefertigte Trockennahrung wird heißes Wasser gegossen. Man lässt es zehn Minuten ziehen – und schon kann gegessen werden. Es ist sicher kein Sensationsmenü, aber man ist am Berg und man gewöhnt sich daran. Im Übrigen befinde ich mich nicht wegen des Essens auf der Bergtour, sondern wegen des Berges! Dazu gibt es Brot, Wurst und Käse.

Es wird steiler, als wir uns von Lager eins nach Lager zwei auf 3400 m begeben. Auf der „West Buttress"-Route ziehe ich mein Material mit dem Schlitten in einem Zug hoch, während Günter sich entscheidet, zwei Mal aufzusteigen. Aufgrund seiner bereits angesprochenen nördlichen Lage und seiner Luftströmungen ist der Denali, wie übrigens auch der Mount Vinson, um rund 1000 Meter höher zu bewerten als er eigentlich ist. Aufgrund seiner Witterungseinflüsse ist er als extrem schwerer Berg klassifiziert. Doch während der ersten Tage ist davon nicht viel zu merken. Der Aufstieg verläuft problemlos.

Im Lager zwei heißt es, das Gepäck zu sortieren und auszusortieren. Alles, was wir nicht tatsächlich brauchen, lassen wir zurück und vergraben es. Alles, was wir zurücklassen können, bedeutet weniger Gewicht tragen oder ziehen zu müssen. Es geht auf Kosten von Annehmlichkeiten. Brauche ich diese oder jene Creme? Benötige ich dieses Buch? Wir verbringen die Nacht in diesem Lager und machen uns dann auf Richtung Lager drei, dem Medical Camp, auf rund 4200 m. Dort stehen zwei stabile Arztzelte, eine Wetterstation, und ein Ranger ist auch zu finden. Auf dem Weg dorthin müssen wir um den so genannten „Windy Corner", weil der Wind dort so richtig pfeifen soll, wenn er einmal geht. In unserem Fall ist der Corner unbedenklich; Günter geht voran und zieht den Schlitten, ich folge und führe das Transportgerät. Im Medical Camp ist der Wind schon stärker, wir beeilen uns, unser Gepäck zu vergraben und steigen wieder ab in das untere Lager. Es ist für die Akklimatisation am besten, sich in größerer Höhe zu bewegen und tiefer zu schlafen – diese Strategie wird ja auch in der Trainingsplanung vieler Ausdauersportarten angewandt.

Am nächsten Tag begeben wir uns mit dem Rest unserer Ausrüstung erneut nach oben, wieder haben wir keine Probleme am „Windy Corner" – aber im Lager drei finden wir unser Fähnchen, das den Standort unseres Materials kennzeichnet, lange Zeit nicht. Auf über 4000 m hin- und herzulaufen ist nicht lustig, sogar sehr anstrengend… letztlich stolpere ich zufällig über die Markierung. Wir graben die Sachen aus, stellen das Lager auf. Wir blicken nach oben, Richtung des 300 Meter steilen „Motorcycle Hill", Richtung Hochlager und der einzigen Fixseilpassage. Der Berg weist eine Steigung von 50-55 Prozent auf, das wird nicht einfach! Gut, dass es schöne Tage sind. Wir können kurzärmelig in der Sonne sitzen. In der Nacht aber, ob es nun hell ist oder nicht, sinkt das Thermometer auf minus 30 Grad Celsius.

4

Während des Ruhetages im Medical Camp unterhalte ich mich mit einem Schweizer, der zusammen mit einem Freund aus Singapur die Besteigung unternimmt. Emil erzählt mir, dass er schon zwei Mal mit seiner Frau hier gewesen ist, wie schwer der Berg ist und dass diese Tour der Abschluss seines Höhenbergsteigens bilden soll. Unter anderem war er auch schon erfolgreich am Mount Everest! Wir treffen drei weitere junge Schweizer und machen mit ihnen aus, eine Fünfer-Seilschaft Richtung Hochlager zu bilden. Es ist ja sicherer, zu fünft zu gehen als zu zweit. Wir klettern über den „Motorcycle Hill", dann über den Grat in das Hochlager, deponieren unsere Sachen, bauen unser Zelt auf und steigen wieder in das Medical Camp ab. Die Schweizer bauen ihren Lagerplatz nicht auf – sie müssen diese Arbeit einen Tag später verrichten, während wir uns in die gemachten Federn werfen können.

Von den drei Spaniern, die wir vorübergehend aus den Augen verloren haben, hat einer, der Feschak von ihnen, aufgegeben. Er bleibt zurück. Wir vereinbaren, gemeinsam mit den verbleibenden beiden in Richtung Gipfel aufzubrechen. (Die Schweizer starten eine Stunde später als wir, holen uns am Denali Pass ein, fallen dann aber wieder zurück. Egal: Eine Gipfelbesteigung darf nie zu einem Wettrennen verkommen!) In unserer Gruppe übernimmt ein Spanier mit gemächlichem Tempo die Führungsarbeit. Es ist ein langer und anstrengender Weg, hin zum Denali Pass, über das so genannte „Football Field". Wir verwenden Firnanker zum Sichern und wissen, dass dies keine allzu große Sicherheit bedeutet. Mit dem Ziel vor Augen gehen einem der beiden Iberer die Kräfte aus, und gemeinsam wollen sie abbrechen. Es liegt an Günter und mir, sie zu motivieren und ihnen das letzte Stück zum Gipfel noch schmackhaft zu machen.

Günter übernimmt nun die Führungsarbeit, die uns auf den Gipfelgrat führt und von dort fast horizontal hinüber zum Gipfel. Wir haben es geschafft.

Letztlich steht das gesamte Quartett bei miserablem Wetter auf dem höchsten Punkt Nordamerikas. Knapp 30 Minuten verbleiben wir auf dem Denali; ich bin erstaunt, wie viele Wimpel und Banner die beiden Spanier hier herauf gebracht haben. Einer nach dem anderen wird ausgepackt, auf dem Gipfel positioniert, abfotografiert.

Fokus behalten!

Nichts ist in der heutigen Zeit schwieriger, als die Konzentration auf eine Sache zu bewahren und den Fokus auf das Wesentliche zu behalten. Wir sind umgeben von einer Vielzahl von Eindrücken, Wahrnehmungen und Informationen, die uns leicht von dem abbringen, an was wir gerade denken. Ich weiß nicht, wie es Ihnen geht – doch wenn ich spazieren gehe, dann schießen mir Dutzende von Gedanken durch den Kopf, dann sinniere ich über die Vergangenheit und denke an die Zukunft und weiß, dass auch 90 Prozent meiner Sorgen nie eintreten werden oder bereits eingetreten sind, wie eine Sorgenstatistik beweist. Die Hälfte liegt nämlich in der Vergangenheit, vieles vom Rest sehr weit in der Zukunft (ich bemühe mich deswegen, Sorgen zu entsorgen). Doch nicht nur in der Freizeit werden wir von unserer Welt und unserer Gedankenwelt immer wieder überwältigt. Bei der Arbeit ist man mit einer Aufgabe beschäftigt und denkt schon an die nächste oder übernächste. Der Geist schweift ab, und das, was zu tun ist, wird nicht mehr gut erledigt. Multitasking hin oder her: Wenn Sie nicht konzentriert sind auf das, was gerade ansteht, ist Multitasking nichts anderes als ein moderner Ausdruck, der nichts bringt.

Wann sind denn Manager oder Führungspersönlichkeiten erfolgreich? Dann, wenn sie fähig sind, sich auf genau diese eine anstehende Entscheidung zu konzentrieren und sich nicht abbringen zu lassen von externen Faktoren – dann, wenn sie ihren Fokus nicht verlieren.

Für mich nehme ich nicht in Anspruch, immer fokussiert zu sein. Das ist nicht möglich und nicht notwendig. Aber wenn ich einen Hubschrauber pilotiere, und wenn ich am Berg unterwegs bin, dann gibt es für mich tatsächlich nichts anderes als diese eine Tätigkeit. Da ist jeder Handgriff, jeder Schritt bewusst und konzentriert ausgeführt.

Ist die Motivation der Motor unseres Tuns, so ist die Konzentration der Turbo. Der Denali ist vielleicht der schwierigste Berg der „Seven Summits", auch, weil wir zu zweit alles organisiert haben, ohne Hilfe von außen. Der Denali war gleichermaßen eine körperliche und geistige Herausforderung. Bestanden habe ich sie unter anderem deshalb, weil ich den Fokus nicht verlor.

Als Co-Pilot zurück in die Zivilisation

Wir befinden uns auf dem Rückweg und treffen auf Personen, die noch hinauf wollen. Ich weiß nicht, ob sie es schaffen. Ich weiß nur, dass sich das Wetter in tieferen Lagen wieder etwas bessert und wir es nach rund elf Stunden bis in das Hochlager schaffen. Ich bin kaputt: Nichts wie rein ins Zelt, trinken, kochen, essen, schlafen. Gedanken an den Gipfelerfolg sind mir fremd, der Körper verlangt nur nach Ruhe.

Tags darauf steigen wir bei relativ schlechtem Wetter in das Medical Camp ab und verbringen dort aufgrund des starken Schneefalls zwei weitere Tage. Langweilig wird uns nicht, wir regenerieren und lassen uns bekochen: Die Spanier, die uns unendlich dankbar für die Anfeuerungen kurz vor dem Gipfel sind, laden uns zum Essen ein.

Als wir endlich weiter absteigen können, packen die Südeuropäer ihre Ski aus, nur, damit wir erkennen können, dass sie diese Bretter nicht beherrschen. Nicht sie fahren Ski, sondern die Ski mit ihnen. Gottlob erkennen sie bei schlechter Sicht und 50 bis 70 Zentimeter Neuschnee die latenten Gefahren, schnallen ab und tragen die Sportgeräte nach unten. War es anstrengend, nach oben zu kommen, so ist es nicht leichter, sich nach unten zu bewegen. Das Wetter bessert sich, es wird wärmer, und der Berg verändert sich, öffnet seine Spalten.

Im nächsten Lager packen wir um, machen eine Pause von drei Stunden und nutzen dann die Kälte, um weniger Probleme mit Gletscherspalten zu haben. In einem Gewaltmarsch gehen wir vom Medical Camp mit nur einer einzigen Pause bis ins Basislager durch – und überwinden kurz vor unserem Ziel auch noch den „Sweins Hill“ – uphill!

Am nächsten Tag geht die Cessna planmäßig raus Richtung Zivilisation. Was wir aber unterschätzt haben, ist die Verlegung der Startbahn. So schleppen Günter und ich je 50 Kilogramm Gepäck 30 Minuten den Hang hinauf. Was für ein Trost, dass ausgelost wird, wer am Co-Pilotensitz Platz nehmen darf – ich gewinne!

4

Doch nach der Landung ist alles wie immer: wir ziehen in ein Hostel ein, säubern unsere Ausrüstung, waschen und trocknen unsere Wäsche. Die Spanier machen es auch, lassen ihre Klamotten ausgebreitet in der Sonne liegen und gehen auf ein Bier. Wie es endet, kann man sich ausmalen: Es kommt der Regen, und alles wird super-nass. Aber nach bestandener Tat ist alles halb so wild. Von Talkeetna bringt uns die Alaska Railway nach Anchorage, und am Bahnhof werden wir von anderen Fahrgästen gefeiert wie die wirklich großen und berühmten Bergsteiger. Man sieht es mir an, sonnenverbrannt und mit aufgesprungenen Lippen, dass ich weit oben war, ganz oben eben! Wir posieren für Fotos, am Bahnhof und im Zug.

In Anchorage bleiben ein paar Tage Zeit, um sich zu erholen, zu bummeln, Souvenirs zu kaufen. Wieder treffen wir auf die Spanier, sind mit ihnen unterwegs, werden von ihnen mit einem Mietwagen auch nach Fairbanks gebracht, von wo unser Rückflug startet.

Der Mount McKinley thront zur linken Seite, als wir auf dem Highway an ihm vorbeifahren. „Gut gemacht", scheint er mir zu sagen. „Komm' mal wieder." Und: Wer weiß?

Günter Weixlbaumer:

"Wolfgang war kommunikativ wie selten zuvor"

Günter Weixlbaumer, Sie waren mit Wolfgang Fasching auf dem Mount McKinley. Wie würden Sie den Berg beschreiben?

Als reine Schinderei. Man muss Nahrung, Zelt, Ausrüstung mit sich tragen, man muss alles selber hochschleppen und auf dem Schlitten ziehen, es gibt keine Infrastruktur. Ich habe gewusst, was auf mich zukommt, aber trotzdem: es war eine Schinderei.

Sie haben viele andere Bergsteiger getroffen – sind Begegnungen darunter, die Ihnen besonders in Erinnerung geblieben sind?

Zuallererst muss ich den Flugzeugpiloten Tony erwähnen, der die Strecke Talkeetna – Basislager – Talkeetna seit dreißig Jahren oder so fliegt und eine Anekdote nach der anderen auf Lager hatte. Dann war da Thomas, ein Österreicher, der auf einem Liegerad den amerikanischen Kontinent von Norden nach Süden durchfahren und dabei die höchsten Berge von jedem Land, das er durchquerte, besteigen wollte. Da war der Schweizer Emil, über 70 Jahre alt, der den Mount McKinley nochmals besteigen wollte. Leider hat er den Gipfel nicht geschafft. Ivan Vallejo bin ich begegnet; der Ecuadorianer ist der 14. Mann, der auf allen Achttausendern dieser Welt war. Den letzten, den Dhaulagiri im Himalaya, hatte er gemeinsam mit Gerlinde Kaltenbrunner bestiegen. Eine Expedition von Vietnam-Veteranen haben wir gesehen und viele weitere coole und auch skurrile Typen. Im Medical Camp hingen Fische an einer Leine, und Japaner fotografierten. Angeblich für den Werbespot eines asiatischen Kameraherstellers.

Es gibt ja die „Orient Express"-Route, auf der Japaner und Koreaner zu Tode gestürzt sind, Sie haben die „West Buttress" genommen.

Ich würde den Berg auf unserer Route nicht als gefährlich bezeichnen. Klettertechnisch ist er nicht richtig schwer, aufpassen mussten wir besonders auf die Gletscherspalten. Klar, der Mount McKinley liegt abgeschieden und ist ein rauer Berg. Abtransporte von Kranken oder Verletzten sind schwierig.
Wichtig ist mir aber an dieser Stelle schon eines: Die Tatsache, dass die „West Buttress"-Route technisch nicht besonders anspruchsvoll ist, soll jetzt nicht heißen, dass der Denali ein Ausflugsberg ist, den man so „im Vorübergehen" einmal besteigen kann. Ich denke auch, dass wir wirklich Glück mit dem Wetter gehabt haben und wir von Schneestürmen und Sturmwinden verschont geblieben sind. Der Denali wird eher unterschätzt. Das ist falsch, und das kann ein tödlicher Fehler sein. Am Denali sind bislang rund hundert Bergsteiger ums Leben gekommen.

Wie ist es Wolfgang ergangen?

So wie immer, würde ich sagen. Wolfgang war sehr motiviert, hat den Berg auch sehr genossen. Glücklicherweise hatten wir, Gipfeltag ausgenommen, immer ein Traumwetter. Ohne diese ganze Schinderei wäre es wirklich ein feiner Urlaub geworden. Was mir aufgefallen ist, war, dass mein Berggefährte sehr offen und kommunikativ war, mehr als sonst vielleicht. Wir haben ja auch Seilschaften mit Schweizern und

Spaniern gebildet. Ich interpretiere dies als Zeichen, dass es ihm sehr gut gegangen ist, dass er sich sicher gefühlt hat. Am Schluss, vor dem Gipfel, hat er die Gruppe angetrieben, hat auf das Tempo gedrückt. So, wie es eben prinzipiell seine Art ist.

Haben Sie auch Grizzlys gesehen?

Leider nicht – nein, das ist falsch: Einmal ist ein Bär 300 Meter vor uns über die Straße gelaufen, als wir auf dem Weg nach Fairbanks zu unserem Rückflug waren.

PERSON, BERUF, BERGE

Günter Weixlbaumer wurde 1970 in Linz geboren und leitet nicht nur die „chiliSCHARF"-Kommunikationsagentur in der oberösterreichischen Hauptstadt, sondern ist auch durch und durch ein Sportler. Weixlbaumer läuft den Marathon unter drei Stunden, absolviert den Ironman unter 9:30 Stunden, ist Gleitschirmflieger und Sportkletterer. Im Zuge seines „Projekts 88" war er nicht nur auf den höchsten Bergen Nord- und Südamerikas, sondern strebt auch die Besteigung des Mont Blancs, Matterhorns, Ortlers und der Eiger-Nordwand an. Am Elbrus scheiterte er 2010. „Dorthin werde ich zurückkehren", sagt Weixlbaumer. (www.weixlbaumer.com)

4

Walter Harper

Der „Indianer“ des Denali

Die Vögel verlassen die Erde mit ihren Flügeln. Auch die Menschen können die Erde verlassen, zwar nicht mit Flügeln, aber mit ihrem Geist.

(Hehaka Sapa)

In Alaska lebten schon vor mindestens zwölf Jahrtausenden Menschen – Inuit, Eskimos und die Vorfahren der so genannten „Indianer“. Im Nordwesten liegt das Yukon-Gebiet, hier lebten die Athapasken, von denen auch die Apachen abstammen. Bis Mitte des 20. Jahrhunderts waren sie Nomaden, jagten und fischten auf ihren Wanderrouten.

An der Küste lebten ein paar hundert Russen – Pelzhändler. Groß wurde das Geschäft, als in den 1840ern die Hudson's Bay Company kam und Außenstellen errichtete. In den 70ern siedelte sich das Trio Arthur Harper, Jack McQuesten und Alfred Mayo an. Ein eigener Handelsposten wurde gegründet. Es dauerte nicht lange, bis die Goldsuche einsetzte …

Der Winter bedeutete endlose Dunkelheit, mit Temperaturen weit unter null und wilden Mischungen von Whiskey und dem Perry Davis Painkiller. Das isolierte Hinterland hieß „Inside“, und viele der ersten Goldsucher landeten schnell wieder im „Outside“, wie die „zivilisierte“ Welt genannt wurde. Nur ein paar unerschrockene Männer wagten sich in das Hinterland vorzukämpfen. Einer dieser Männer war Arthur Harper, der eine Goldmine bauen wollte.

Jenny Harper – Seentahna ihr eigentlicher Name – war 14,

ELBRUS

in Europa, 5642 m hoch,
bestiegen am 20. Mai 2008

GUIDE

PILGRIM TOURS
CERTIFICATE

It is hereby certified that
Wolfgang Fasching-Russ
(name)
has successfully climbed
the West Summit and Crater of
Volcano Elbrus
(5642m/18,510.44 ft.)
The highest point of Europe.

Date 20.05.2008
Director

Mt. McKinley Denali

in Nordamerika, 6193 m hoch
bestiegen am 16. Juni 2009

SEVEN SUMMITS
SEVEN SUMMITS

SEVEN SUMMITS
SEVEN SUMMITS

K2
aviation
N1292F

SEVEN SUMMITS
SEVEN SUMMITS

POWER
PRIMUS

als sie mit ihm verheiratet wurde. Nach der Trennung 1895 zog sie mit dem zwei Jahre davor geborenen Jüngsten, Walter, nach Tanana, wo er im Stamm der Koyukon traditionell erzogen wurde.

1904 kam Hudson Stuck als Missionar nach Alaska, ein umtriebiger Pfarrer, der sich in Texas für die Gleichheit der Menschen und die Abschaffung von Kinderarbeit eingesetzt hatte. 1905 wurde er Erzdiakon. Bald schon lernten einander Stuck und der jugendliche Harper kennen, freundeten sich an, oft half Harper in der Mission.

Im Jahr 1913 organisiert der sportliche Stuck eine Expedition zum Mount McKinley, dem höchsten Berg Amerikas. In seinem Buch „The Ascent of Denali" würdigt er die Pionierleistung Harpers: er war es, der am 7. Juni 1913 die Expedition anführte und als erster Mensch den Fuß auf den höchsten Punkt des amerikanischen Kontinents, gefolgt von Stuck, Harry Karstens und Robert Tatum, setzte.

Unter dem Einfluss von Stuck ließ sich Harper taufen und besuchte die Schule. 1914 nahm Stuck den jungen Mann ins „Outside" mit, nach Massachusetts, wo er weiter auf die Schule gehen sollte. Auf dem Weg dorthin hatten sie Zwischenaufenthalt in New York; wie aufregend für Harper, der nie davor woanders als in seiner Heimat gewesen war; es war Decoration Day, wie der Memorial Day damals hieß, jener Feiertag, an dem in den USA der für das Vaterland Gefallenen gedacht wird, und er wollte gerne den Vergnügungspark auf Coney Island besuchen.

Am nächsten Tag veröffentlichte die New York Times einen Artikel mit der Schlagzeile: „Yukon-Indianer öffnet Coney

Island die Augen": Sobald Harper mit Stuck und zwei von dessen Bekannten auf dem Gelände auftauchte, scharten sich die Leute um sie, vor allem, weil Harper sofort auf die „Kraftmaschine" zusteuerte, die aus einem Block bestand, auf den man mit einem 20 Pfund schweren Hammer schlagen musste, um oben eine Glocke zum Läuten zu bringen. Kaum einer schaffte das. Harper schwang den Hammer zwei Mal, brachte zwei Mal die Glocke zum Läuten und machte die Maschine kaputt – der Budenbesitzer brauchte zwei Stunden, um sie zu reparieren. Höflich entschuldigte sich Harper bei ihm, bevor er den nächsten Stand entdeckte – Scharfschießen mit einer Flinte. Einen Nickel kosteten drei Schüsse, und bevor noch jemand mitzählen konnte, waren alle Ziele getroffen.

In einem Wasserbecken gab es einen Mann, der auf einer Plattform saß – Aufgabe war, mit einem Baseball so auf ihn zu schießen, dass er ins Wasser fällt – eine eigentlich unmögliche Angelegenheit, und der Mann machte sich einen Spaß daraus, alle auszulachen, die es versuchten. Die Frage, ob er wisse, wie man einen Baseball wirft, verneinte Harper. Er habe aber schon oft mit Felssteinen geworfen; seit seiner Kindheit hatte er so die Schneehühner gejagt. Harper nahm den Baseball und schoss mit solcher Kraft auf den Mann, dass dieser tatsächlich ins Wasser fiel. Er kletterte wieder hoch, lachte: „Das war ja nur ein kleiner Plumpser." Harper schoss ein zweites Mal, und wieder fiel der Mann ins Wasser. Prustend kam er hoch, kletterte auf seine Plattform, lachte diesmal nicht mehr, hoffte, dass der dritte Schuss daneben gehen würde. Das tat er aber nicht. Drei Mal hatte Harper den Mann „eingetunkt". Noch immer umringt von Leuten, gingen sie an den Strand: aus Sand baute Harper den Denali nach, zeichnete die Route zum Gipfel ein und rundherum eine topographische Karte der Umgebung. Die Leute konnten es nicht glauben, doch Stuck bestätigte die Richtigkeit der Sandreplik. „Was für ein Kerl, mein Onkel Walter! Kein Wunder, dass Tante Frances sich in ihn verliebte. Ich wünschte, ich hätte ihn gekannt", schreibt ein Neffe Harpers.

Anschaulich beschreibt er auch, wie Harper seine Frau kennenlernte: „Tante Frances traf Walter Harper am ersten Tag, als sie im Yukon-Gebiet im Jahr 1917 ankam. Er arbeitete mit dem Arzt und anderen zusammen, die versuchten, ein Krankenhaus aufzubauen, und er hoffte, eines Tages eine Ausbildung zum Mediziner machen zu können. In ihrem Brief an ihre Familie erwähnte sie seinen Namen, sagte aber zu diesem Zeitpunkt nicht mehr." Frances Wells war eine Krankenschwester aus Philadelphia, die gekommen war, um in der Mission Stucks tätig zu sein.

Auf tragische Weise starben Walter Harper und seine Frau nur ein Jahr später – 1918 – und nur knapp zwei Monate, nachdem sie in Fort Yukon getraut worden waren. Sie waren auf ihrer Hochzeitsreise – auf dem Weg nach Seattle. Harper wollte seine medizinische Ausbildung machen und als Missionar nach Alaska zurückkehren oder aber Arzt beim Militär werden; Frances wollte sich dem Roten Kreuz anschließen. Sie hatten ihre Reise auf der Princess Sophia angetreten, einem riesigen Passagierschiff, das auf den Küstengewässern zwischen Alaska und den USA betrieben wurde. Das Schiff ging im Lynn Canal unter – eine der größten Katastrophen in der Seefahrt Alaskas.

Arthur Harper hat nie von dem tragischen Tod seines Sohnes erfahren. Und auch nicht von seinem großen Bergsteigererfolg. Nach der Trennung von seiner Frau war er in einen anderen Teil des Yukon-Gebiets gezogen, hatte den Goldgräberort Dawson gegründet, zur Zeit des Klondike-Goldrausches. Ironischerweise hatte er aber kein Glück mit dem Gold, verließ Alaska und starb, nur vier Monate danach, im Jahre 1897.

Jenny Harper lebte den Rest ihres Lebens in Tanana, von den Menschen der Stadt als eine „Ältere" und als Sprecherin für die Gemeinschaft respektiert. Ihre Reden hielt sie in Athapaskisch. Sie war immer sozial engagiert, und auch viele der Nachkommen von Arthur und Jenny Harper setzen sich weiterhin für und in Alaska ein. Walter Harpers Leben war kurz, viel Zeit war ihm nicht vergönnt; er konnte seine wohlmeinenden Pläne nicht mehr ausführen. Doch nichts hat ihn davon abgehalten, den Harper Glacier nach seinem Vater zu benennen.

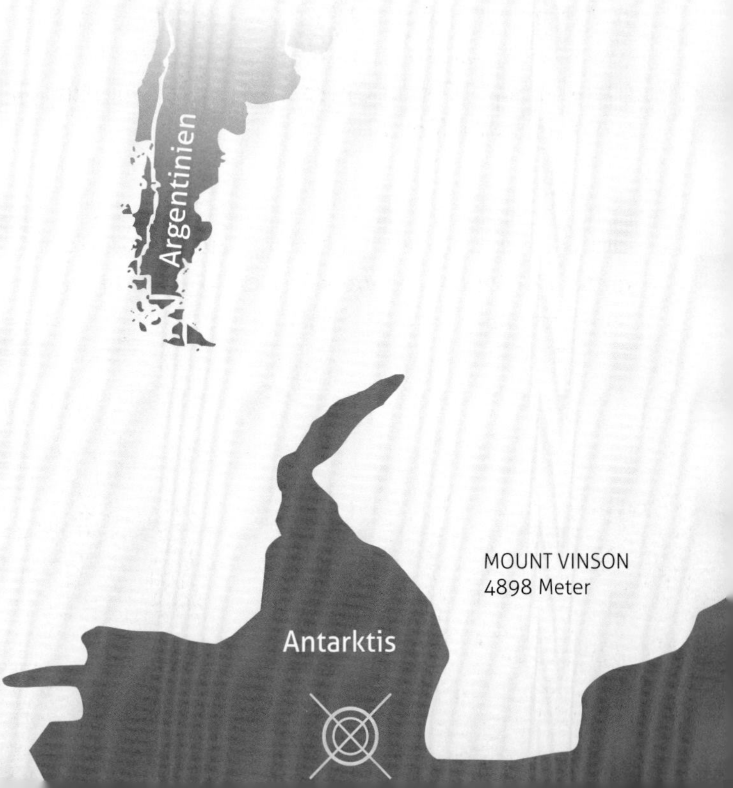

5

Geographische Breite: 78°35' S
Geographische Länge: 85°25' W

MOUNT VINSON

in der Antarktis

Höhe: 4898 Meter
Geologische Lage: Gipfel der Ellsworth Mountains im südlichen Teil der Sentinel Range
Maximale Länge und Breite: 25 km/15 km

Erstbesteigung: 17. Dezember 1966
Erstbesteiger: Pete Schoening, John Evans, Barry Corbet, Bill Long (alle USA) in einer von Nicholas B. Clinch angeführten Expedition.
Normalweg: Normalroute

Bestiegen am 2. Januar 2009 zusammen mit Andreas Bucher (Österreich), Robert Miller (Österreich), Sigune Barsch-Gollnau (Deutschland), Gernot Overbeck (Deutschland) und Martyna Wojciechowska (Polen).

Der Unterschied zwischen einer erfolgreichen Person und anderen ist nicht mangelnde Kraft, mangelndes Wissen, sondern mangelnde Willenskraft.

(Vince Lombardi)

5

Wie wichtig die Antarktis unter einem geographisch-politischen Gesichtspunkt ist, verdeutlicht der 1961 geschlossene Vertrag zwischen zwölf Staaten. Die internationale Übereinkunft legt fest, dass die unbewohnte Antarktis zwischen 60 und 90 Grad südlicher Breite ausschließlich friedlicher Nutzung, und besonders der wissenschaftlichen Forschung, vorbehalten bleibt. Enthalten sind im Kontrakt auch Thematiken wie Umwelt- und Naturschutz, Abfallbehandlung und Meeresverschmutzung.

Die Antarktis ist ein faszinierender Kontinent. Mit 14 Millionen Quadratkilometern ist sie der fünftgrößte Kontinent der Erde, 68 Prozent des Wassers befinden sich auf ihm: Könnte man das gesamte Eis schmelzen lassen, würden sich die Wasserspiegel aller Ozeane um 60 Meter erhöhen. Andererseits gibt es kaum Schneefall, weswegen die Antarktis auch als „kälteste Wüste der Welt" bezeichnet wird. Temperaturen von minus 40 oder 50 Grad Celsius sind keine Seltenheit.

An dies dachte ich, wenn ich über die Antarktis sinnierte. Ich dachte daran, dass der Halo-Kreis, ein Lichteffekt, der durch Reflexion und durch Brechung von Licht an Eiskristallen entsteht, dort am häufigsten auftritt, ich freute mich auf 24 Stunden Sonnenschein und fragte mich, was die oftmals beschriebene „unheimliche Ruhe" auf mich für Auswirkungen hätte.

Klar war jedenfalls, dass dies eine besondere Expedition werden würde, mit fast nichts anderem zu vergleichen, was ich bislang schon erlebt oder noch zu erleben hatte. So wurde es auch eine von langer Hand geplante Reise des Anbieters Amical von Ralf Dujmovits, dem Mann von Gerlinde

Kaltenbrunner, der wohl erfolgreichsten Bergsteigerin der Welt. Das Unternehmen begann mit einem Vorbereitungstreffen im Schwarzwald, bei dem ich die anderen Mitglieder der Gruppe kennen lernte und bei dem ich realisierte: Das wird um einiges spannender als beim Elbrus oder Kilimandscharo! Fotos wurden uns gezeigt, die vorherrschenden Gesetze und Verordnungen kommuniziert. Beispielsweise herrscht auf dem südlichsten Kontinent der Welt Pinkelverbot in der freien Natur. Im Klartext heißt dies, dass wir Urin und Fäkalien, säuberlich getrennt, wieder mit uns hinaus aus der Einsamkeit zu nehmen hatten. (Pinkelflaschen und „Sackerln für unser Gackerl" würden zur Verfügung gestellt.) Wir nahmen den Mount Vinson im antarktischen Sommer in Angriff, doch wir wussten, dass uns winterliche Temperaturen erwarten würden. Wieder wurde mir nahegelegt, das Gepäck in Hinblick auf das Gewicht zusammenzustellen – aber man reist nicht so einfach mit normaler Kleidung an das südliche Ende der Welt!

Der Mount Vinson liegt rund 1500 Kilometer vom nördlichen Rand der Antarktis und 1000 Kilometer vom Südpol entfernt im Vinson-Massiv. Entdeckt wurde er als jüngster Berg der „Seven Summits" erst 1957 bei einem Überflug der US Navy, und sein Name geht auf den amerikanischen Politiker Carl Vinson (1883-1981) zurück, der sich nicht nur besonders für die Förderung der Streitkräfte engagierte, sondern auch für Forschungs- und Entdeckungsreisen stark machte. (Und deswegen gibt es auch einen Flugzeugträger mit seinem Namen, die USS Carl Vinson.)

Als der Mount Vinson entdeckt wurde, war es bereits vier Jahre her, dass der Mount Everest erstmals bestiegen worden war! Was Edmund Hillary für den höchsten Gipfel der

Welt ist, wurde Nicholas B. Clinch für den Mount Vinson. Er führte eine von verschiedenen staatlichen Institutionen geförderte Expedition von insgesamt elf Personen des American Alpine Club und der National Science Foundation an, die zwischen 18. und 20. Dezember 1966 den Gipfel erreichten. Jetzt, 43 Jahre später, bin auch ich an der Reihe!

Ich halte noch einen Vortrag in Mainz, ehe ich in Frankfurt auf die weiteren Teammitglieder treffe und mit ihnen nach Santiago de Chile fliege; von dort geht es gleich weiter in den Süden des Landes nach Punta Arenas. Wir werden in einem einfachen Zwei-Sterne-Hotel untergebracht, und es kommt auch gleich zu einer netten und angenehmen Begegnung. Ich treffe erstmals in meinem Leben auf Walter Laserer und Christian Stangl, die soeben aus der Antarktis zurückgekommen sind und erfolgreich den Mount Vinson bestiegen haben. Beide Bergsteiger haben auch die „Seven Summits" erklommen! Wir essen gemeinsam zu Abend und haben genügend Spaß. Stangl borgt mir übrigens seine schweren Expeditions-Handschuhe (die um einiges besser und wärmer sind als meine), was ich als sehr netten Zug empfinde.

Das kleine Hotel bietet keinen allzu großen Komfort, und ich denke mir: Nur gut, dass es morgen gleich weiter geht. Doch in diesem Punkt täusche ich mich gewaltig.

Tags darauf treffen wir uns zum Briefing im „Croatia Club" (hergeleitet aufgrund sehr vieler kroatisch-stämmiger Einwanderer), in dem genau erklärt wird, wie was wo wann funktioniert. Es wird mitgeteilt, wie das Einsteigen in das Flugzeug vonstatten geht, davor gewarnt, sich in der Antarktis allein zu bewegen (das ist strengstens verboten!), es wird auch Schocktherapie betrieben, indem Bilder von erfrorenen Gliedmaßen gezeigt werden. Abschließend: „Das Wetter ist zwar nicht das beste, aber heute Abend fliegen wir in die Antarktis."

Ich packe also meine Ausrüstung zusammen, die lediglich 20 Kilogramm wiegen darf, stelle sie wie alle anderen vor die Hoteltür, damit sie per Lastwagen zum Flugzeug transportiert werden kann. Nur einen kleinen Rucksack und meine Daunen-Kleidung, mit der ich antarktischen Boden betreten werde, behalte ich bei mir. Wenn das Thermometer in Punta Arenas auch 15 Grad plus zeigt, weiß ich, dass mich in Patriot Hills minus 30 Grad Celsius empfangen werden. Es ist also alles andere als ratsam, mit einer Jeanshose dort aus dem Flugzeug zu steigen.

Und dann wird uns mitgeteilt: zu viel Seitenwind in Patriot Hills, der Start muss verschoben werden – aber leider nicht einmal, sondern immer und immer wieder, zwölf Tage lang.

Stellen Sie sich vor, knapp zwei Wochen an einem Ort mit rund 150.000 Einwohnern verbringen zu müssen, nicht sonderlich luxuriös untergebracht, mit einem Computer für alle Gäste mit langsamer Internet-Verbindung (Skype installierten wir uns selbst) und mit der fortwährenden Hoffnung, diesen Ort so schnell wie nur möglich verlassen zu können. Es sind zwölf Tage des Wartens und der Unsicherheit. Mein Gepäck wird nicht aus dem Flugzeug zurückgebracht, da es ja quasi von einer Stunde auf die nächste losgehen könnte. Ich besorge mir neue Bekleidung, ja, ich erstehe sogar eine Laufausrüstung, um laufen gehen zu können (und bei einem Stiegenlauf übertreibe ich es dermaßen, dass mir die Füße wehtun und Muskelkater auftritt, sodass ich inbrünstig hoffe, dass es nicht bald losgeht). Ich lerne für das Abschlusskolloquium meines Universitätslehrgangs für Mentalcoaching, ich schlendere durch die Stadt, lasse die Seele baumeln. Einmal heißt es, dass die nächste Abflug-Information erst in zwei Tagen erfolgen wird; da nehmen wir zu dritt ein Mietauto nach Puerto Natales; von dort wandern wir in Südpatagonien im Nationalpark „Torres del Paine" und sehen die weltberühmten, wilden, schroffen Berge. Wir genießen schönste Aussichten, übernachten in einfachen Quartieren auf einem Campingplatz und sind tags darauf auch auf dem Schiff unterwegs, das uns in die Nähe der Eisbergwände bringt. Es regnet, es ist kalt, und vor uns stürzt ein Eisbrocken nach dem anderen ins Wasser.

Immer wieder denke ich daran, dass es von jetzt auf sofort losgehen kann, dass wir morgen ganz sicher in die Antarktis fliegen. Nur, um wieder enttäuscht zu werden.

Rahmenbedingungen annehmen!

Es gibt Dinge im Leben, die kann man einfach nicht ändern. Das ist das Wetter, das einmal zu schlecht und einmal zu heiß ist, da sind Kollegen und Kolleginnen am Arbeitsplatz oder in der Expedition, die einem das Leben schwer machen, da treten Ereignisse ein, die unerwartet, unerfreulich und unerwünscht sind.

In diesen Situationen ist es für mich wichtig, Ruhe zu bewahren und den Fokus nicht aus den Augen zu verlieren. Es hätte nichts gebracht, wenn ich vier oder fünf Mal am Tag in das

Büro der ALE (Antarctic Logistic & Expedition), der einzigen Organisation, die die Antarktis für kommerzielle Zwecke anfliegen darf, zu stürmen und nachzufragen, wann es denn jetzt endlich losginge. Über Dinge, die ich nicht ändern kann, kann ich mich nicht ärgern – im Gegenteil, ich muss danach trachten, meine persönliche innere Einstellung zu diesen Dingen zu ändern. Ändere die Situation oder deine Einstellung!

Wenn ich eine Bergtour plane und es wird Regen angekündigt, denke ich mir, dass der Regen, also Wasser, unheimlich wichtig für Mensch und Tier ist. Ohne Wasser kein Leben, deswegen ist es auch kein Problem für mich. Wenn ich in Punta Arenas festsitze und starke Winde am Zielort einen Flug unmöglich machen, denke ich mir, dass mir der Berg nicht wegläuft. Er wartet, genauso wie ich, auf die optimalen Bedingungen für unser Treffen. Ich sehe die Professionalität des Flugpersonals, weiß, dass die Kommunikation zwischen Antarktis und Südamerika funktioniert und kann ruhig meinem Abenteuer im ewigen Eis entgegenblicken.

Am zwölften Tag ist es endlich soweit.

Wir fliegen mit einer alten russischen Iljuschin 76, einer ausrangierten militärischen Transportmaschine der Air Almaty aus Kasachstan, Richtung Süden. Digitale Instrumente sind rar an Bord, es wird nur verwendet, was auch bei großer Kälte funktioniert, wie beispielsweise Kabelzüge. Ziel ist Patriot Hills, das wir nach Überflug der Magellanstraße, des Kap Horn und der Drake-Passage rund fünf Stunden später erreichen. Wir landen auf einer Blaueispiste im Nirgendwo, und wir realisieren, dass die vielen Benzinkanister im Inneren des Fliegers wohl der Treibstoff für den Rückflug sein werden. Dieser startet lediglich eineinhalb Stunden später.

Patriot Hills bietet noch einige wenige Annehmlichkeiten, wie ein Gemeinschaftszelt mit Kochgelegenheit. Von hier starten die Expeditionen Richtung Südpol und Mount Vinson, und hier hat die Organisation Amical, mit der auch wir unterwegs sind, Material wie Zelte und Kochgeschirr oder Nahrung vergraben, die nach der letzten Tour nicht mehr gebraucht worden waren. Diese können wir nun ausgraben und verwenden.

Wir bauen unsere Zelte auf, trinken viel Tee, portionieren das Essen, legen uns schlafen. Ein Sturm weckt mich – ich erkenne, dass das Zeitfenster, um in die Antarktis zu fliegen, in der Tat sehr klein ist. Nun heißt es weiter zuwarten, erst nach einem weiteren Tag geht es mit einer Twin Otter, einem zweimotorigen Kleinflugzeug, in das Basislager des Vinson-Massivs. Wobei die Begriffe „Tag" und „Nacht" einer besonderen Interpretation bedürfen. Es ist 24 Stunden lang hell, es ist der Körper, der sein Recht einfordert und nach Schlaf verlangt.

Einerseits habe ich den Wunsch, möglichst rasch voranzukommen und möchte vom Basislager sofort weiter; andererseits weiß auch ich, wie alle anderen in der Gruppe, dass es besser ist, in aller Ruhe die Zelte aufzuschlagen, zu regenerieren und sich zu akklimatisieren. Die Twin Otter hat uns wieder verlassen. Es ist ein sonderbares Gefühl, das mich umgibt. Obwohl im Basislager, bin ich eine Stunde von der Zivilisation entfernt. Wenn dir hier gesundheitlich etwas passiert, musst du hinausgeflogen werden. Hier gibt es keine ärztliche Versorgung, in Patriot Hills sehr wohl, dort steht eine Krankenstation, in der zwei Ärzte Dienst schieben. Es ist unmöglich, Hunderte von Kilometern über die Antarktis zu wandern, mit einer Verletzung oder einer Erkrankung. Die Antarktis ist nicht flach wie ein Brett, sie weist Steigungen und Gefälle auf, hat Kliffe und Spalten. Aber: Was tun, wenn das Kleinflugzeug, dessen Piloten auf Sicht fliegen müssen, aufgrund schlechter Wetterlage für Tage hinweg deine Position nicht anfliegen kann? Was essen, wenn die bereits rationierte Nahrung aufgebraucht ist, wie den Schnee schmelzen, wenn der Kanister Benzin leer ist?

Die vorgegebene reale Situation bringt mich in eine besondere psychische Verfassung. Ich weiß, dass die Situation bei einem hochalpinen Basislager doch ganz anders ist. Am Mount Everest oder am Aconcagua ist es der letzte Posten der Zivilisation, er scheint in der Nähe, scheint deswegen auch erreichbar. Beim Aconcagua ist es möglich, etwas überspitzt formuliert, vom Gipfel bis nach Hause zu gehen. Es ist nicht immer einfach oder interessant, teilweise sogar sehr monoton, aber machbar. Das Basislager in der Antarktis ist hingegen jenseits der Zivilisation. Doch wo immer ich mich auch aufhalte: Wichtig ist die Konzentration auf das Wesentliche. Jeder Schritt, jeder Griff muss richtig gesetzt sein. Mir soll nichts widerfahren, weder in der Antarktis noch anderswo.

Ich packe den Schlitten, den ich am nächsten Tag bei schönem Wetter, aber bei Eiseskälte, sechs oder sieben Stunden hinter mir herziehen werde, bis ins Lager eins. Dort wiederholt sich die Routine: Zelt aufstellen, rasten, und immer wieder trinken, viel trinken. Wieder einen Tag später tragen wir Material in das Lager zwei hoch, das weitere tausend

Höhenmeter auf 4800 m über uns liegt. Ich steige hinauf und hinunter und bin am Ende des Tages so richtig müde. Beim Aufstieg kann ich nicht auf die Fixseile bauen, die unter Schnee und Eis liegen und die nur sehr schwer an die Oberfläche gebracht werden können. Tags darauf brechen wir erneut Richtung Lager zwei auf. Der Gipfeltag naht, die Anspannung bei mir und bei anderen wird spürbar.

Den Jahreswechsel 2008/09 begehe ich, ebenso wie die vorangegangene Weihnachtsfeier in Punta Arenas, ohne großes Trara. In Chile feiern wir gemeinschaftlich bei einem Essen unser wichtigstes kirchliches Fest des Jahres. Bei dieser Gelegenheit trinke ich noch ein Glas Bier, doch einer meiner Grundsätze lautet, keinen Alkohol zu mir zu nehmen, wenn ich mich auf Expedition oder einer Bergtour befinde. Daran halte ich mich strikt. Deswegen stoße ich zu Neujahr nur mit Tee an. Am Mount Vinson kommt hinzu, dass der 1. Januar 2009 Gipfeltag sein soll.

Weil das Wetter am Neujahrstag nicht gut genug zu sein scheint, optiert die Gruppe für einen Ruhetag. Das ist schade, denn die äußeren Bedingungen sind meines Erachtens gar nicht so schlecht und ich fühle mich auch in guter körperlicher Verfassung. Doch während ich im Lager bleibe, bricht Robert Miller alleine Richtung Gipfel auf. Dabei wissen wir alle, dass es verboten ist, in der Antarktis alleine unterwegs zu sein. Ich befürchte Repressalien für Amical, indirekt vielleicht auch für mich. Ich bin verärgert.

Mein Moment kommt noch, einen Tag später, wenn auch mit einigen Schwierigkeiten. Denn die Wetterverhältnisse sind relativ gut in der Früh, während für den Nachmittag mit stärkerem Windaufkommen, schlechten Sichtverhältnissen und tieferen Temperaturen zu rechnen ist. Ich will sofort losgehen. Es sind dies Momente, in denen ich in der Gruppe auch etwas laut und bestimmt werde. „Es sind immer schlechtere Bedingungen vorhergesagt, und hier geht nichts weiter. Was wollen wir tun? Zuwarten, bis es wirklich schlechter wird?“ Für mich ist klar, dass ich vom Mount Vinson nicht weggehe, bevor ich nicht den Gipfel erreicht habe.

Endlich setzen wir uns in Gang, eine Seilschaft von vier Bergsteigern. Wir kommen nur langsam voran und ich denke daran, dass das Wetter immer schlechter werden wird. Von meiner Kondition her ist die Gipfelbesteigung kein Problem für mich – mein Nervenkostüm wird indes ganz schön beansprucht. Denn ich will den Gipfel erreichen und bei einigermaßen akzeptablen Bedingungen auch wieder zurück ins Lager zwei, in das Hochlager, kommen.

Ich weiß nicht, welche Gefühle am Mount Vinson überwiegen: jene der Freude und Zufriedenheit, es geschafft zu haben und auf einem der exklusivsten Berge der Welt zu stehen, oder jene der Genugtuung, einer ganzen Reihe von Herausforderungen, gerade was die Rahmenbedingungen betreffen, Herr geworden zu sein. Wie auch immer. Zusammen mit Sigune, Gernot und Andreas stehe ich gegen Mittag des 2. Januars auf dem höchsten Punkt der Antarktis. Mein „Seven Summits“-Projekt ist um einen Gipfel, ich bin um viele Erfahrungen reicher.

Wie Recht ich mit meinem Drängen habe, erfahren wir auf dem Rückweg. Das Wetter wird immer schlechter und als wir Lager zwei erreichen, müssen wir zuerst einmal unsere Zelte sichern, damit wir sie nicht an den Wind verlieren.

5

Zwei Tage lang werden wir vom Wetter auf 4800 m festgehalten, dann erst können wir in das Lager eins absteigen, unsere Schlitten beladen und das Basislager anvisieren.

Am 7. Januar geht es mit der Twin Otter zurück Richtung Zivilisation. Ein Halo scheint in der Luft zu liegen, und ich empfinde Dankbarkeit, dieses unberührte Fleckchen Erde gesehen haben zu dürfen. In Patriot Hills erwarten uns Teilnehmer von anderen Expeditionen, Russen offerieren uns köstliche Würste, die uns wohl munden, besonders auch, weil unsere eigenen Vorräte dem Ende entgegen gehen.

Gernot Overbeck

„Wolfgang ist ein prima Kerl!"

Gernot Overbeck, Sie waren Mitglied der Expedition, mit der auch Wolfgang Fasching auf den Mount Vinson gereist ist. Wie haben Sie den höchsten Berg der Antarktis erlebt?

Die Antarktis ist ein ganz besonderer Kontinent, der Flug von Patriot Hills ins Base Camp vom Mount Vinson war beeindruckend. Die Berge liegen unter einer kilometerdicken Eisschicht, so dass alle topographischen Strukturen abgerundet, weichgezeichnet sind. Wenn man in die Ferne schaut, ist es, als läge alles unter einem sanften Nebelschleier. Manchmal jedoch gibt es extrem steile Eisstufen und dann wiederum Gebiete mit den wunderschönsten Tiefschneehängen, die man sich vorstellen kann. Am liebsten wäre ich mit dem Fallschirm abgesprungen und noch ein paar Tage beim Tiefschneefahren geblieben.
Der Mount Vinson selber ist kein schöner Berg, man kann ihn vom Basislager nicht sehen. Während des Aufstieges hat man nie den Eindruck, auf einem klar definierten Gipfel zuzusteigen. Aber er ist der höchste Berg der Antarktis und sicherlich der kälteste der „Seven Summits", wenn auch nicht besonders schwierig. Trotzdem war er der einzige der „Seven Summits", den ich beinahe nicht geschafft hätte. Eine halbseitige Gesichtslähmung, die von unserem begleitenden Mediziner einmal als erster Hinweis auf einen Hirntumor, ein anderes Mal als erstes Anzeichen eines Schlaganfalls gedeutet wurde, sich aber später als einfache Nervenentzündung herausstellte, hatte mich soweit geschwächt, dass ich eben fast gescheitert wäre.

5

Es waren während der Expedition einige schwierige Momente zu überwinden, beispielsweise die fast zweiwöchige Wartezeit in Punta Arenas oder der vom Wetter beeinflusste Abstieg am 2. Januar. Wie sind Sie mit diesen Herausforderungen umgegangen?

Bei der Wartezeit in Punta Arenas kann man nicht von Herausforderung sprechen. Die Möglichkeit einer solchen war von vornherein klar, ich hatte den Expeditionsorganisator schon vor der Tour auf eine entsprechende Möglichkeit hingewiesen und die notwendigen Vereinbarungen und Vorbereitungen für mich getroffen. Ein paar ernste Gespräche mit dem Expeditionsorganisator als auch mit dem Logistikunternehmen, das für die Flüge in die Antarktis und in der Antarktis zuständig war, waren leider trotzdem, im Interesse des Teams, nötig.
Wir nutzten die „freie" Zeit für umfangreiche Steakessen, einige Treppenläufe, mehrere Biere mit Christian Stangl, der gerade aus der Antarktis zurückgekommen war, kleinere Ausflüge in die Umgebung und für eine kleine Reise in den Nationalpark Torres del Paine. Nicht zu vergessen unsere wunderbare Weihnachtsfeier, die Sigune Barsch-Gollnau mit einigen netten Geschenken und kleinen liebevollen Ansprachen zu einem Höhepunkt machte. Später kamen dann auch noch Pavel Bém und Rudolf Švarícek dazu, mit denen wir dann bis in die Nacht rein feierten.
Wir wollten eigentlich am 3. Januar vom High-Camp ins zweite Lager absteigen, als ich jedoch morgens aufwachte, drückte der Sturm unser Zelt zusammen, es war eisig kalt. Ich zog meine Daunensachen an, die Schuhe, zog die Gesichtsmaske und Skibrille auf und ging mit meiner Schneeschaufel raus, um die kleine Mauer unseres Zeltes zu erhöhen. Mit den rausgebrochenen unregelmäßigen Schneestücken war

ich jedoch nur mittelmäßig erfolgreich. Jeder Schnee, der nicht absolut fest war, wurde weggeblasen und meine Mauer ähnelte sehr bald einem Schweizer Käse.
Das Frauenzelt war zu diesem Zeitpunkt, da ohne jegliche Schneemauer und mit Breitseite zum Wind falsch aufgestellt, schon fast zusammengebrochen. Wir legten es später flach und verteilten unsere beiden Frauen auf die beiden Männerzelte.
Mit den Fuchsschwänzen, die unser Expeditionsleiter anstelle von Schneesägen eingesteckt hatte, gelang es Robert, Wolfgang und mir dann um das Essenszelt und die beiden Männerzelte jeweils eine hohe Schneemauer als Schutz zu bauen. Damit waren wir sicher. Wir hatten zwar nicht mehr ausreichend Essen dabei, aber ein oder zwei Tage mit einem Riegel und ein bisschen Suppe pro Tag sollten zum Überleben genügen. Die Zeit im Sturm verbrachten wir zum einen eng zusammengekauert im Essenszelt, zum anderen jeweils zu dritt in unseren Expeditionszelten. Mancher von uns war ein wenig angefressen auf die Entscheidungen und Entwicklungen in der Vergangenheit, die dazu geführt hatten, dass wir nicht schon am Abend vorher ins Lager zwei abgestiegen waren, aber ein bisschen Frotzeln half, um die Stimmung aufzuheitern.

Was war für Sie unter diesen Umständen die zentrale Herausforderung?

Für mich steht in einer solchen Situation das Team im Vordergrund. Im ersteren Fall ermöglichte ich den Teammitgliedern durch Einrichtung eines Skypeanschlusses regelmäßige Gespräche mit Freunden in der Heimat und regelte parallel die Probleme mit dem Veranstalter und der Fluggesellschaft für den Flug in die Antarktis. Außerdem war es wichtig, im-

mer etwas zu unternehmen, um die eigene Stimmung und die Stimmung im Team hochzuhalten.
Im zweiten Fall war es für mich wichtig, dafür zu sorgen, dass die Zelte stehen bleiben, dies habe ich zuerst alleine und dann mit der Unterstützung von Wolfgang und Robert hinbekommen. Ohne Zelte hätten wir erfrieren können, alles andere war beherrschbar.

Was hat Sie bei dieser Expedition am meisten beeindruckt?

Die Erfahrung mit einem Team in einer sehr schwierigen Situation gewesen zu sein und dem Team geholfen zu haben, diese Situation zu überstehen.
Wenn ich mich auf den Bildern von damals mit herunterhängender Lippe sehe, kaum des Redens mächtig, geprägt durch diese Gesichtslähmung, muss ich noch heute schmunzeln.

Sie haben ja auch die „Seven Summits" bestiegen, welche Bedeutung hat dieses Projekt für Sie?

Für mich war die Besteigung der „Seven Summits" die Erfüllung eines Kindheitstraums.

Welchen Eindruck haben Sie von Wolfgang Fasching gewonnen?

Mein Eindruck von Wolfgang ist der eines sehr fokussierten, mental als auch physisch starken, kompetitiven Sportlers, der sich sein Ziel steckt, sich mental darauf vorbereitet und alles Notwendige tut, um dieses, sein Ziel zu erreichen. Auf Wolfgang ist Verlass, er bringt sich und seine Stärken in das Team ein. Er ist bei extremen Wetter mit rausgegangen, hat die Schneemauern mit gebaut und er hat Sigune am Gipfeltag noch auf den letzten Höhenmetern zur Seite gestanden und ihr den Rucksack abgenommen. Er ist ein prima Kerl.

PERSON, BERUF, BERGE

Gernot Overbeck ist Geschäftsführer des Beteiligungsunternehmens European Capital. Er ist von Herzen Unternehmer und sammelte umfangreiche und breite Erfahrung beim Aufbau von zwei Hochtechnolgie-Unternehmen, bei einem Beteiligungsunternehmen und bei seiner Beratungstätigkeit für McKinsey & Company.
Overbeck bestieg den Kilimandscharo 2002, dann folgten Elbrus, Mount McKinley und Aconcagua. Ein Jahr später stand er auf dem Gipfel des Mount Everest. Sein „Seven Summits"-Projekt beschloss er 2009 mit der Besteigung der Carstensz-Pyramide im alpinen Stil. Gernot war der 24. Deutsche auf dem Mount Everest und der siebte Deutsche, der die „Seven Summits" bestieg.

„Im Frühling 2002 bestieg ich meinen ersten Berg über 4000 m, den Kilimandscharo. Ein Jahr später, nach der Besteigung des Elbrus, des Mount McKinleys unter extremen Bedingungen und des Aconcaguas, stand ich auf dem Gipfel der Welt, auf dem Mount Everest. Mein Traum wurde wahr. Mein Glaube wieder bestätigt: If you can dream it, you can do it!"

5

Pete Schoening

Ein Fürst von einem Menschen

Die größte Kunst beim Bergsteigen ist, dass man dabei auch alt wird.

(Hans Schwanda)

Auch wenn es dem für seine große Demut berühmten Pete Schoening vielleicht nicht gefallen würde, er geht als einer der Größten in die Geschichte des Bergsteigens ein, ebenbürtig einem Edmund Hillary. Es gibt 14 Gipfel in der Welt, die mehr als 8000 Meter hoch sind, und nur einer von ihnen, der riesige Gasherbrum I im Norden Pakistans, wurde von Amerikanern ersterstiegen; Pete Schoening war einer dieser beiden Amerikaner, und er erreichte den Gipfel im Jahr 1958, gemeinsam mit Andy Kauffmann. 1966 fielen ihm noch einmal die großen Lorbeeren zu: als Erster erklomm er den höchsten Berg der Antarktis, den Mount Vinson.

Bei beiden Expeditionen war Nicholas B. Clinch Bergführer. „Er hatte die Kraft eines Stieres und das Herz eines Boy Scout“, sagte Nick Clinch einmal über Schoening, nicht ohne Grund. Denn abgesehen von seinen alpinen Leistungen werden die Bergsteiger aus aller Welt den Namen Pete Schoening vor allem auch wegen jenes dramatischen Tags im August 1953 nie vergessen, als er auf den unbarmherzigen Felsen des K2 seinen Pickel ins Eis schlug.

Nach neun Tagen Schneesturm war die von Charles Houston geleitete Expedition in Lebensgefahr geraten, es war fast kein Trinkwasser mehr da und einer der Männer, Art Gilkey, hatte sich ein Blutgerinnsel zugezogen. Houston entschied sich für den Abstieg, Gilkey wurde in eine Zeltplane gewickelt und vorsichtig nachgezogen. Doch plötzlich rutschte George Bell aus, und in einer Kettenreaktion stürzten alle bis auf Schoening in die Tiefe; Schoening war für die Sicherung zuständig, jenen Moment, vor dem Bergsteiger den allergrößten Respekt haben, und geistesgegenwärtig sowie mit seiner Kraft schaffte er es: er konnte das Seil halten, das alle davor bewahrte, in den Abgrund zu stürzen.

Das Aufatmen war groß; weiter ging der gefährliche Abstieg, und sie waren froh, den nächsten Lagerpunkt zu erreichen und etwas auszuruhen. Zuerst allerdings musste eine Plattform im Eis gebaut werden, damit Platz für alle war. Inzwischen fixierten die Männer den verletzten Gilkey mit zwei Eispickeln an der Eisflanke. Als sie ihn holen wollten, war er tödlich abgestürzt; unklar ist bis heute, ob Gilkey den Absturz selbst herbeiführte, um seine Kameraden vom großen Risiko seiner Bergung zu befreien.

Als Schoening vom K2 zurückkam, heiratete er; mit seiner Frau Mell verbrachte er ein halbes Jahrhundert, bezeichnend vielleicht, dass sein Todestag genau mit dem 51. Hochzeitstag zusammenfiel. Das Ehepaar hatte miteinander drei Söhne und drei Töchter, zwölf Enkelkinder wuchsen heran. Manchmal pflegte Mell zu scherzen: hätte sie jemals Zeit gehabt, ein Buch zu schreiben, so hätte sie es „Meanwhile, Back At Base Camp" genannt. Seine große Familie zählte für Schoening mit zum Wichtigsten. Gerne nahm er seine Kinder auf Reisen mit und er brachte ihnen das Bergsteigen bei: „Bei ihm angeseilt zu sein gab mir wie allen seinen Kindern enormes Vertrauen", sagt sein Sohn Eric.

Pete Schoening wurde 1927 in Seattle geboren, einer Stadt, die von großen Bergen umgeben ist und die schon in den 40ern, als die Bergsteigerei als Sportart in den USA noch so gut wie unbekannt war, eine lebendige Bergsteigerszene beheimatete. Schoening besuchte die Roosevelt High School in Seattle. Noch vor Ende des Zweiten Weltkriegs verließ er sie, war bei der Marine. Nach dem Krieg studierte er Chemical Engineering an der University of Washington und arbeitete in verschiedenen Unternehmen. In den 60ern gründete Pete Schoening die Firma „Chemgrate Corporation", die Fiberglas herstellte. Als er 1995 in den Ruhestand ging und die Firma verkaufte, hatte er auch in Tennessee und in China Niederlassungen.

Auf Einladung der „Soviet Sports Federation to the American Alpine Club" leitete Schoening 1974 ein 19-köpfiges amerikanisch-sowjetisches Team, im Rahmen des „USSR International Pamir Camp", das in den Zeiten des Kalten Krieges die Beziehungen zwischen den Nationen fördern und neue Besteigungsrouten erkunden sollte. Die Ziele wurden erreicht, es war eine bahnbrechende Expedition, aber aufgrund schlimmster Wetterumstände kam es auch zu einer Tragödie: 15 der Expeditionsteilnehmer kamen durch eine Lawine ums Leben, davon acht Frauen aus dem sowjetischen Team.

Noch im Alter von 68 Jahren versuchte Schoening Aufstiege, die weltweit zu den schwierigsten zählen. 1996 trat er, gemeinsam mit seinem Neffen Klev, eine Expedition zum Everest an, musste aber vor dem Gipfel wegen unregelmäßigem Herzschlag umkehren. Es war vielleicht sein Glück; parallel stiegen mehrere Expeditionen auf, insgesamt zählten sie rund 30 Teilnehmer. Für die Gipfelbesteigung wurden zwei von ihnen zusammengelegt – jene, in der Klev noch dabei war, und jene, an der der amerikanische Journalist Jon Krakauer teilnahm. Sie erreichten den Gipfel, als Erster der Bergführer Anatoli Bukrejew, als Zweiter Krakauer; Klev Schoening nur knapp eine halbe Stunde danach. Beim Abstieg kam es zur Katastrophe; durch das unterschiedliche Tempo der verschiedenen Teilnehmer wurden die Wege der Bergsteiger getrennt. Heftiges Wetter zog auf. Acht Bergsteiger starben. Die schrecklichen Ereignisse dieser Woche sind in zwei Büchern erzählt: „Into Thin Air" von Jon Krakauer und „The Climb" von Anatoli Bukrejew.

Man kann sich vorstellen, wie betroffen Pete Schoening gewesen sein muss, und wie froh, dass Klev den Abstieg geschaffte hatte. Aber er war ein Extrembergsteiger. Bis zu seinem Lebensende blieb Pete Schoening seiner Leidenschaft treu und unternahm bis ins fortgeschrittene Alter weiter anspruchsvolle Touren: weder der Kilimandscharo noch der Aconcagua waren ihm zu hoch. Mit dem Broad-Peak-Erstbesteiger Marcus Schmuck aus Salzburg war er befreundet und bestieg mit ihm noch recht locker den Mount Rainier nahe Seattle.

Und noch als er schwer krank war, ging er Bergwandern und auf Skitouren. Im Alter von 77 Jahren verstarb er am 22. September 2004 nach schwerem Leiden an Knochenkrebs, zu Hause in Seattle. Sein langjähriger Berggefährte Tom Hornbein, Medizin-Professor und Everest-Überschreiter von 1963, war bis zum Schluss bei ihm.

„Er war ein Fürst von einem Menschen", erinnert sich der lebenslange Freund Dee Molenaar von Burley, der sein Leben, als es 1953 am K2 nur mehr an einem Faden hing, Schoening verdankt. Man könnte es auch anders sagen, nämlich wie es der Salzburger Alpin-Journalist und Bergführer Gerald Valentin formulierte: „Wenn europäische Extrembergsteiger von dieser Generation amerikanischer Pioniere etwas lernen könnten, dann an erster Stelle die Fähigkeit zu lebenslangen Freundschaften und ein Zusammenhalten, das weit über Fels, Eis und Nordwände hinausreicht."

6

Geographische Breite: 32°39' S
Geographische Länge: 70°0' W

ACONCAGUA

in Argentinien, Südamerika

Höhe: 6962 Meter
Geologische Lage: argentinische Anden

Erstbesteigung des Westgipfels: 14. Januar 1897
Erstbesteiger: Matthias Zurbriggen (Schweiz)
Aufstieg: Normalroute

Bestiegen am 15. Januar 2009 zusammen mit Günter Weixlbaumer auf der „falschen Polenroute"

Die Zeit steht lang genug für jeden, der sie nutzen will.
(Leonardo da Vinci)

6

Das ist alles nichts Neues: Grenzübergänge können kompliziert und langwierig sein. Als Österreich noch nicht Teil der Europäischen Union war, hatte eine Fahrt nach Deutschland schon einen hochoffiziellen Charakter. Grenzübergänge in fremden Ländern können abenteuerlich sein und nicht mehr enden wollend. An einem solchen Grenzübergang stehe ich nun, noch auf argentinischer Seite, und will nach Chile, in die Hauptstadt nach Santiago de Chile, zu meinem Flieger Richtung Heimat. Acht Stunden werden der Bus und seine Passagiere festgehalten.

Im Gepäck, eine Erfolgsgeschichte. Der Aconcagua ist bestiegen, am 15. Januar 2009.

Doch in jenen acht Stunden denke ich nicht nur zurück an die letzten Tage, sondern an die letzten Jahre. Der Aconcagua war ein Thema für mich, noch ehe die „Seven Summits" eines wurden. Denn nach einer Trekkingtour 1999 im Himalaya war mein Wunsch geboren, den Mount Everest zu besteigen; erste Gespräche mit dem späteren Expeditionsleiter Stefan Gatt hatten bereits stattgefunden. Und im Januar 2000 wollten vier gute Bekannte aus der Radsportszene auf den Cerro Aconcagua, wie der Berg mit vollem Namen heißt. Als Vorbereitung für den Mount Everest wollte ich den höchsten Berg Südamerikas besteigen, doch der Aconcagua ist viel mehr: der höchste Berg Amerikas, der höchste Berg der westlichen und südlichen Hemisphäre, der höchste Berg der Welt außerhalb Asiens. Das ist eine ganz schöne Herausforderung!

Ich fand sicherlich auch aufgrund der Tatsache, dass ich zu diesem Zeitpunkt das Race Across America bereits einmal gewonnen hatte, einen Ausrüster und stellte das Training um. Ich ging nur mehr laufen. Ein leichter Infekt war die Folge, ich wurde krank. Mein mich zu diesem Zeitpunkt betreuender Arzt, Dr. Helmuth Ocenasek, empfahl mir, auf den Aconcagua zu verzichten. „Du bist krank, solltest ein paar Tage im Bett bleiben. Du bist körperlich nicht in der Lage, auf einen solch hohen Berg zu steigen. Sag' den Trip ab!" Doch ich wusste es besser. In meiner Naivität dachte ich mir, dass ich mich schon auskurieren könnte, bevor es den Berg hinauf ginge. Die Papiere waren organisiert, die Gesundheit würde sich schon noch einstellen, bei sommerlichen Temperaturen in der südlichen Hemisphäre.

Und so war ich mit dabei, als wir fünf von Puente del Inca mit unserem Gepäck und im Eilschritt Richtung Basislager aufbrachen. Trotz kühler Temperaturen standen mir Schweißperlen auf der Stirn, in Turnschuhen und wettkampfmäßig versuchte ich, mit den anderen Schritt zu halten. Die Strecke, die üblicherweise in zwei oder drei Tagen zurückgelegt wird, hatten wir uns für einen einzigen Tag vorgenommen. Der Gewaltmarsch endete im Basislager auf 4200 m, und ich war am Ende meiner Kräfte.

In der Nacht kamen Fieber und Husten. Ich konnte nicht schlafen, aber auch das Verlassen des Zeltes war mühsam. Tags darauf diagnostizierte der Arzt, der im Basislager stationiert war, HAPE, ein höhenindiziertes Lungenödem. An einen weiteren Aufstieg war nicht zu denken – dieser wäre voraussichtlich tödlich für mich ausgegangen. Wieder einen Tag später schnallte man mich auf ein Maultier, auf dem ich sechs Stunden zu Tale ritt. Ich litt die gesamte Zeit über Schmerzen und dachte mir: Schlimmer als diese hier sind jene beim RAAM auch nicht. Von Puente del Inca war es eine 170 Kilometer lange Taxifahrt nach Santiago. Ich nächtigte in einem Hotel nahe dem Flughafen, und am nächsten Tag ging es nach Hause. Wenn ich zurückblicke, weiß ich, fast alles falsch gemacht zu haben, was man falsch machen konnte. Es war eine sehr gute Lernphase für mich, nichtsdestotrotz kamen in mir keine Zweifel auf, dass ich bei der Besteigung des Mount Everest scheitern könnte. Ich stellte mir nicht die Frage, ob ich die Voraussetzungen dafür hätte oder nicht, ob ich es schaffe oder nicht.

Im Nachhinein, sinniere ich gedankenverloren an der argentinisch-chilenischen Grenze, bin ich sogar froh, dass ich den Aconcagua nicht schon 2000 bestiegen habe. Das „Seven Summits"-Projekt wäre einen Berg und einige Erlebnisse ärmer geworden...

Mein nächster Zeitsprung geht nur einige Tage zurück. Ich erinnere mich, wie wir am Flughafen in Punta Arenas landen, müde, geschafft und glücklich, den Mount Vinson in der Antarktis bestiegen zu haben. Während Robert Miller unschlüssig ist, ob er Richtung Aconcagua mitziehen will, eile ich zum Ticket-Schalter und frage nach, ob es denn einen Flug nach Mendoza, Argentinien, gibt. Es gibt ihn, und Robert, für den die Reise aufgrund der Arbeit in seiner Ordination dem Ende entgegen geht, bucht ebenfalls. Somit bleibt für uns beide keine Zeit des Rastens. Wir sind um halb elf Uhr Vormittag aus der Antarktis angekommen, müssen ins Hotel, um unser zurückgelassenes Gepäck abzuholen und wieder für den 17-Uhr-Flug zurück am Flughafen sein. Zeit für Körperpflege bleibt, Zeit, die Ausrüstung zu reinigen, nicht. Es geht nach Santiago de Chile, wo wir übernachten, und dann weiter nach Mendoza.

Dort schaffen wir es gerade noch, unsere Genehmigungen für die Bergbesteigung zu erhalten; das Büro der Behörden ist nämlich nur bis 13 Uhr geöffnet. Wir kaufen Lebensmittel, Gaskartuschen, suchen den Busbahnhof und fahren nach Puente del Inca. Dort übernachten wir nochmals in einem kleinen Quartier, suchen eine Agentur, die Maultiere vermittelt, hinterlassen unser restliches Gepäck in einem Depot.

Und dann beginnt mein erneutes Aconcagua-Abenteuer. Das Gepäck tragen wir teilweise selbst, teilweise schleppen es die Tiere hoch. In neun Stunden werden 35 Kilometer und 1400 Höhenmeter zurückgelegt, dann erreichen wir die Casa de Piedra und tags darauf nach weiteren sechs Stunden das Basislager Plaza Argentina, das zumeist genutzt wird, wenn man über den Polengletscher zum Gipfel aufsteigen will. Auf 4200 m verfügt Plaza Argentina über eine akzeptable Infrastruktur, unter anderem über einen ständigen medizinischen Dienst und eine bewirtschaftete Naturschutzhütte. Der medizinische Check im Basislager ist eine Pflichtaufgabe für jeden Bergsteiger. Der Arzt entscheidet nämlich, ob man weitergehen darf oder nicht. Gibt er sein Okay, gilt die behördliche Genehmigung auch als Versicherung, in der eventuelle Bergekosten enthalten sind. Sagt er „Nein", dann erfolgt die Besteigung auf eigene Gefahr. Meine Werte sind in Ordnung, obwohl wir sehr schnell hochgestiegen sind. Aber ich bin ja gut akklimatisiert, dem Mount Vinson sei Dank! Ein Bergsteiger aus Deutschland muss hingegen umkehren, andere sind zum Warten verpflichtet.

In Plaza Argentina erhalten wir die Müllsäcke und Beutel für unseren Unrat. Und ich treffe auch, wie vereinbart, auf meinen Freund Günter Weixlbaumer. Aufgrund der langen

Verzögerungen während meines Antarktis-Trips komme ich quasi im letzten Abdruck im Basislager an – 24 Stunden länger, und Günter hätte sich alleine auf den Weg nach oben gemacht.

Gemeinsam mit Robert steige ich noch auf 5200 m bis zum Lager eins hoch; Günter kommt am gleichen Abend nach. Dann trennen sich unsere Wege. Robert nimmt seine geplante Überschreitung des Aconcagua in Angriff; Günter und ich haben hingegen von Anfang an vorgehabt, den gleichen Weg zurück zu nehmen, auch aufgrund des Gepäcks, das wir da und dort deponieren.

5167 Meter sind beim Aconcagua eine besondere Marke – nicht aus bergsteigerischer, sondern aus kulturhistorischer Sicht. Auf dieser Höhe wurde 1985 eine Inka-Opferstätte entdeckt. In der Tat verehrten die Inka den Aconcagua als heiligen Berg. Der Name lässt sich von Aconca-Hue oder Ackon Cahuak ableiten, was „steinerner Wächter" bedeutet. In Chile wurde der 188- höchste Berg der Welt lange „El Volcano" genannt, weil aufgrund ständiger Wolkenfahnen vermutet wurde, dass er eben ein Vulkan sei. Dass dies nicht so ist, konnte der deutsche Geologe Paul Güßfeldt nachweisen, der bis 6560 m hochklettern konnte. Erstmals bestiegen wurde der 1817 entdeckte Aconcagua am 14. Januar 1897 vom Schweizer Bergsteiger und Weltenbummler Matthias Zurbriggen.

Der Aufstieg ins Lager zwei ist mühsam, obwohl das Wetter schön ist. Doch Sturmwinde pfeifen uns immer wieder ins Gesicht. Dies ist das Kriterium am Aconcagua: Obwohl der Normalweg technisch problemlos ist und mit der Canaleta eine einzige Schlüsselstelle beinhaltet, werden die

Mt. Vinson

in der Antarktis, 4898 m hoch,
bestiegen am 2. Januar 2009

ИЛ-76ТД

Aconcagua

in Südamerika, 6959 m hoch,
bestiegen am 15. Januar 2009

SEVEN
SUMMITS

SEVEN SUMMITS
SEVEN SUMMIT

HOSTEL REFUGIO
RESTAURANT
PARRILLA

schnellen Wetterumschwünge, die Kälte, starke Winde und Schneestürme mit sich ziehen, immer wieder unterschätzt. Schon interessant: Auch wenn die Großwetterlage ein Hoch verzeichnet, kann gerade lokal ein Tief über den höchsten Berg Südamerikas ziehen. Über Geröll und Schnee kämpfe ich mich nach oben und bin froh, als wir unser Tagesziel erreichen. Mir geht es nicht sonderlich gut, ich muss meiner „Tour de Force" Tribut zollen und merke, wie ich an meine Grenzen stoße. Im Zelt liegend sorgt der Wind für eine Geräuschkulisse, und meine Gedanken sind ebenfalls stürmisch. Ob das noch etwas wird?!

Eigentlich ist geplant, gleich am nächsten Tag den Gipfel in Angriff zu nehmen, doch wir entscheiden, einen Tag zu warten, um uns zu erholen und zu regenerieren. Diese Zeit haben wir, und diese Zeit muss sein. Routinemäßig läuft der Tag ab. Da wird das Material überprüft, da wird der Aufstieg geplant. Und das Wasser gewinnen wir aus einem zugefrorenen Teich, in den wir mit dem Pickel ein Loch hauen. Mit einem Becher hole ich das kostbare Nass heraus, und meine Finger frieren dabei fast ab.

Nach einer erholsamen und guten Nacht gehen wir am nächsten Morgen fast etwas zu spät weg, nehmen die so genannte „falsche Polenroute", überqueren den Gletscher in seinem unteren flachen und spaltenfreien Teil und erreichen bei 6400 m den Normalweg. Immer noch fühle ich mich nicht hundertprozentig fit, aber ich bin davon überzeugt, dass wir es auf den Gipfel schaffen. Günter ist ohne Steigeisen unterwegs, rutscht bei jedem Schritt nach vorne ein paar Zentimeter zurück – nicht, dass es gefährlich wäre, aber es verlängert unseren Aufstieg.

6

Unterhalb der Canaleta treffen wir auf italienische Bergsteiger, die vom Gipfel kommen. Sie sagen mir, dass es von diesem Punkt noch vier Stunden bis nach oben braucht. Ich bin erstaunt, denn nach meiner Rechnung müssten wir in rund zwei Stunden den Gipfel erreichen. Wir gehen weiter. Meine Blicke wandern immer wieder nach oben, zwischen den Nebelschwaden und Wolken sehe ich Menschen am Gipfel stehen, kurz darauf nicht mehr. Mit dem Ziel vor Augen geht es mir jedoch immer besser, während Günter langsamer und langsamer wird, auch dann noch, nachdem er seinen Rucksack abgelegt hat. Wir beschließen, dass ich vorausgehen soll und er mit seinem Tempo nachkommt.

150 Meter unterhalb des Gipfels treffe ich einen Landsmann, der höhenkrank ist und Kopfschmerzen hat. Er wartet darauf, dass seine Freundin vom Cerro zurückkommt, um mit ihr gemeinsam abzusteigen. 50 Meter vor dem höchsten Punkt wird gerade ein toter Bergsteiger abtransportiert – Bilder, die mein Gipfelgefühl irritieren. Während der Tage, an denen ich am Aconcagua bin, verlieren fünf Menschen ihr Leben, drei weitere Italiener werden in höchster Not aus dem „Polengletscher“ geborgen. Die beste Jahreszeit, um den Berg zu besteigen, ist zwischen November und März; rund 5000 Bergsteiger versuchen sich daran, und leider passieren jährlich einige fatale Unfälle.

Ich stehe am Gipfel. Immer noch sind meine Gedanken mit den Bildern des Toten wenige Meter unterhalb von mir beschäftigt. Gefühle von Trauer und Aufgewühltheit mischen sich, innerlich spreche ich ein kurzes Gebet. Einen anderen Bergsteiger bitte ich, ein paar Fotos von mir zu schießen, um meine erfolgreiche Besteigung zu dokumentieren. Drei Wochen später habe ich seine Aufnahmen auf meinem Computer. Dann möchte ich möglichst rasch wieder hinunter zu Günter, weil ich denke, dass er meine Unterstützung benötigen könnte. Zu zweit ist vieles leichter. Ein kurzer Wortwechsel folgt, um sicher zu gehen, dass mein Freund ganz hinauf will und dass es ihm für diese letzten Höhenmeter auch gut genug geht. Ich steige nochmals auf den Gipfel, und ich freue mich, unser gemeinsames Vorhaben auch gemeinsam realisiert zu haben. Doch dann wollen und müssen wir schnell weiter, denn unser Plan sieht vor, noch am gleichen Tag bis ins Basislager zurückzukehren.

Wir steigen ins Lager zwei ab, um dort eine mehrstündige Pause einzulegen. Das heißt: essen und trinken, rasten, um wieder zu Kräften zu kommen, Zelt abbauen. Der Tag ist schon lang und anstrengend, nun geht es mit noch mehr Gepäck Richtung Lager eins auf 5200 m. Wir überlegen dort, was wir machen sollen: denn bis Plaza Argentina sind es noch weitere 90-120 Minuten, und unsere Ausrüstung, die wir hinunterschaffen müssen, wird immer mehr. Letztlich entscheiden wir uns, das zurückgelassene Material zu bergen und marschieren gleich weiter. Es ist zehn Uhr und dunkel, als wir in Plaza Argentina eintreffen – wir haben es geschafft, sind heil hinauf und wieder hinunter gekommen. Zur Feier des Tages genehmigen wir uns dort ein Bier. Geschmeckt hat es mir nicht besonders, ich war einfach zu ausgelaugt.

Heiß und staubig ist es am nächsten Tag, als wir uns auf dem gleichen unwegsamen Gelände, auf dem wir gekommen waren, wieder hinaus Richtung Puente del Inca machen. Stundenlang marschieren wir über eine Geröllhalde, zu allem Überfluss geht uns auch das Trinkwasser aus. Erst am späteren Nachmittag finden wir eine saubere Quelle. Zu diesem Zeitpunkt ist uns klar, dass wir es an einem Tag nicht mehr bis zu unserem vorgenommenen Ziel schaffen würden – auch, weil wir zwei Stunden zu spät losgegangen sind. Wir müssen in Pampa de Lenas übernachten, im Schlafsack, aber ohne Zelt. Dieses ist auf Maultieren festgeschnallt, und die Tiere werden in einem einzigen Tag bis ganz nach außen getrieben. Um fünf Uhr früh geht es schon wieder los. Um acht Uhr sind wir in Puente del Inca.

Ich hätte mir gewünscht, dass damit das Abenteuer Aconcagua beendet wäre. Doch gefehlt...

In Puente del Inca gibt es keinen Bus in das 170 Kilometer entfernte Santiago de Chile, und ich habe den Eindruck, als würde der Besitzer einer Kneipe die Plätze in einem Autobus für uns organisieren. Wie auch immer: Wir warten den ganzen Tag (nachdem wir uns in der Früh abgemüht haben, möglichst rasch diese Ortschaft zu erreichen), um gegen 18 Uhr loszufahren. Wir sitzen in einem überfüllten, stickigen Bus, mit Personen, die Koffer, Hausrat, Brennholz mit sich führen – so, als würden sie irgendwohin fahren, wo es rein gar nichts gibt.

Unsere Fahrt dauert genau 20 Kilometer und führt mich in die Gegenwart. Ich stehe noch immer am Grenzübergang von Argentinien nach Chile. Wir haben allesamt den Autobus verlassen und Visa-Anträge ausfüllen müssen. Einer der Grenzbeamten steht mit einem Hut da und es ist klar, dass er diese Kopfbedeckung gerne mit Geld gefüllt sähe. Auch ich zahle meinen Tribut, nur damit wir endlich weiterkommen. Das Gepäck wird wie auf einem Flughafen durchleuchtet. Das heißt: Alles raus aus dem Bus, auf ein Förderband legen, auf die andere Seite des Kastens gehen, die Stücke wieder einsammeln und zum Bus bringen. Keine Ahnung, nach was gesucht wird. Drogen? Waffen? Schmuggelware? Günter fällt auf, dass der eine oder andere Passagier dem Beamten einige Geldscheine zusteckt; dieser verschwindet nach hinten, verteilt die Beträge – und schon werden besondere Pakete nicht mehr unter die Lupe des Röntgengeräts genommen. Und, nein: Mich interessiert wirklich nicht, was denn da genau drinnen ist!

Um fünf Uhr in der Früh erreichen wir Santiago de Chile, fahren in unser gebuchtes Hotel und fallen ungeduscht ins Bett. In diesem Hotel habe ich auf dem Weg nach Mendoza Bekleidungsgegenstände deponiert. Diese wiederzuerlangen ist nicht so einfach: Die Angestellte spricht kein Englisch, ich kein Spanisch. Aber Ende gut, alles gut. Am nächsten Tag gehen unsere Flieger zurück nach Europa.

Geduld, Geduld!

„Aber der Punkt ist nicht der, wie hart einer zuschlagen kann... Es zählt bloß, wie viele Schläge man einstecken kann und ob man trotzdem weitermacht. Wie viel man einstecken kann und trotzdem weitermacht... Nur so gewinnt man!" Es ist dies eines meiner Lieblingszitate aus dem Film „Rocky Balboa" mit Sylvester Stallone, weil in diesen wenigen Zeilen, etwas pathetisch vielleicht, so viele Wahrheiten stecken. Es zählt nicht, wie oft man niedergeschlagen wird – man muss einmal öfter aufstehen. Es zählt nicht, wann gewisse Dinge passieren – man muss sie auch erwarten können.

Es sind Sätze, die Schlagworte wie Ausdauer, Willenskraft, Überlebensstärke in sich vereinen. Und Geduld.

Geduld und Beharrlichkeit sind die Tugenden, die mich auf den Aconcagua geführt haben und von dort nach Hause. Denn der höchste Gipfel Südamerikas bietet einerseits schönste landschaftliche Szenarien und ist andererseits, gerade am Fuß des Berges, eine mühsame Wanderung über eine Steinwüste. Der Schluss liegt nahe, ein zu hohes Tempo zu gehen, um diese Trostlosigkeit hinter sich zu lassen. Die Folgen würde man dann auf 5000 m oder 6000 m zu spüren bekommen, wenn die Luft dünner wird und die Kräfte ganz ausgehen. Aufgrund zu geringer Geduld passieren immer wieder Fehler, und diese können im Leben schmerzen und am Berg tödlich sein. Deswegen ist es wichtig, Geduld im Gepäck zu haben, viel Geduld. Es war nicht leicht für mich, auf 6200 m einen ungeplanten Ruhetag einzulegen, ehe es Richtung Gipfel ging. Doch ich wusste, dass dies meine beste Option war – und hätte ich den Aconcagua nicht erklommen, wäre ich eben einfach wiedergekommen.

Geduld bedeutet auch, dauerhaft ein Ziel zu verfolgen, dauerhaft an sich, an das eigene Tun, an den eigenen Weg zu glauben. Immer wieder werden wir von der Ideallinie abgebracht, verlieren die Orientierung oder an Zeit. Immer wieder denken wir, dass Dinge ja schneller funktionieren und eintreten müssten, gerade bei uns, mit unseren Kapazitäten! Und dennoch. Fehler machen muss erlaubt sein, aus ihnen lernen wir. Meine Fehler im Jahr 2000 haben mich gelehrt, geduldig zu sein, nicht immer alles gleich einzufordern. Doch trotz allen erzieherischen Charakters dürfen Fehler eines nicht: uns dazu bringen, unsere Ziele aus den Augen zu verlieren oder die Nerven wegzuwerfen. Wer dies tut, macht gleich den nächsten Fehler, verliert an Substanz und Energie. Geduld bedeutet, auch umfallen zu dürfen. Dauerhafter Glaube bedeutet, immer wieder aufzustehen!

Wissen Sie übrigens, wo ich am meisten Geduld aufbrachte am Aconcagua? Ja richtig, gar nicht am Berg selbst. Sondern an einer südamerikanischen Grenze.

6

Günter Weixlbaumer:

„Wolfgang, cool und gelassen"

Günter Weixlbaumer, Sie haben mit Wolfgang Fasching den Aconcagua bestiegen. Was ist Ihnen besonders in Erinnerung geblieben?

Uh, da sind eine ganze Menge an Erinnerungen und Erlebnissen. Beispielsweise die Zeit, die ich im Basislager verbrachte und mich schon damit abgefunden hatte, alleine nach oben loszugehen – plötzlich sah ich Robert Miller und Wolfgang durch Plaza Argentina laufen... oder dass es am Aconcagua überaus sauber ist – auch, weil Müll und Dreck und Fäkalien mit einem Hubschrauber zu Tal geflogen werden. In Summe ist es am Berg deswegen sehr aufgeräumt.

Es hat einige Tote gegeben in dieser Zeit – wie gefährlich haben Sie den Berg empfunden?

Eigentlich nicht besonders. Wir haben aus zeitlichen Gründen nicht die Route über den Polengletscher genommen, sondern sind am Gipfeltag „außen herum" marschiert und sind wieder auf die Normalroute gestoßen. Der Aufstieg ist für geübte Bergsteiger einfach, Schlüsselstelle ist die steile Canaleta. Dass ich keine Steigeisen anhatte, war ein Nachteil, doch auch ich schaffte es letztlich auf den Gipfel. Und auch mich hat der Anblick eines verstorbenen Bergsteigers betroffen gemacht – in der heutigen Zeit werden wir mit fatalen Ereignissen wie dem Tod viel zu wenig direkt konfrontiert. In Momenten wie diesen denkt man darüber nach, wie oft man selbst schon Glück gehabt hat. Und man geht den Abstieg und die nächsten Projekte konzentriert(er) und mit noch mehr Demut an.

Das Bier im Tal hat Wolfgang nicht sonderlich geschmeckt…

… wir hatten einen langen Weg hinter uns gebracht. Ich weiß auch nicht mehr, wie viel es gekostet hat, aber billig wird es nicht gewesen sein. Ein Steak war für 30 US-Dollar zu haben, eine warme Dusche für 15. Doch im Basislager gab es eine funktionierende Infrastruktur, eine relativ schnelle Satelliten-Internetverbindung.

Welchen Eindruck hatten Sie von Wolfgang Fasching?

Sagen wir so: Wenn Wolfgang auf Bergtour ist, dann ist er ein anderer Mensch, frei von Stress und Zwängen, einfach nur cool und gelassen. Ich denke, dass er glücklich und befreit nach Argentinien gekommen ist, weil er trotz widriger Umstände den Mount Vinson besteigen konnte. Dies gab ihm Motivation für den Aconcagua. Wir haben pausiert, als es ihm körperlich nicht so gut ging, und je weiter wir nach oben stiegen, umso besser ging es ihm dann. Letztlich hatten wir beide eine Riesengaudi, am Gipfel zu stehen.

Das Abenteuer ging ja noch weiter, mit der achtstündigen Grenzkontrolle.

Zuvor müssen wir noch von den abenteuerlichen Maultieren sprechen, die als Transporthilfe zwischen Puente del Inca und den Basislagern eingesetzt werden: unglaublich, welche Geschwindigkeit diese Tiere in einem sehr, sehr unwegsamen Gelände zusammenbringen, 20, 25 Stundenkilometer,

würde ich mal sagen. Die laufen rauf und runter an einem Tag – das schafft wohl kaum ein Mensch.
Die Busfahrt hat unserer Expedition dann noch das i-Pünktchen aufgesetzt. Durch sie ist die Reise zu diesem Berg noch abenteuerlicher, noch erinnerungswürdiger geworden.

Wie viele Berge fehlen Ihnen zu den „Seven Summits"?

Auf dem Kilimandscharo, dem Aconcagua und dem Mount McKinley war ich – also noch vier weitere. Aber ich verfolge die „Seven Summits" nicht als mein großes Ziel. Meine Lebensphilosophie ist eher das zu machen, was mir einfach Spaß macht!

Matthias Zurbriggen

Ich fühlte mich dem Himmel näher

Gestern gehorchten wir noch Königen und verneigten unsere Häupter vor Imperatoren. Heute jedoch verneigen wir uns nur noch vor der Wahrheit.

(Khalil Gibran)

Lange lag die Geschichte des unvergleichlichen „Mattia" Zurbriggen im Dunkeln, rätselhaft blieb sein Leben. Er, der mit den Vornehmen und Berühmten und als einer der Erfolgreichsten seiner Zeit auf den höchsten Bergen der Welt unterwegs war, um am Ende seines Lebens nichts mehr mit den Bergen zu tun zu haben und ein klägliches Ende in Genf zu finden. Vielleicht wird immer ein Rätsel bleiben, warum er die Bergsteigerei abrupt abbrach, dem Überdruss verfiel, des Lebens müde wurde.

Doch vor noch nicht allzu langer Zeit kam wenigstens ein bisschen Licht ins Dunkel: Ein Amerikaner betrat das Schweizerische Alpine Museum in Bern; es war Tom Zurbriggen, der dem Museum das Bergführerbuch seines Urgroßvaters Matthias Zurbriggen aus den Jahren 1894–1906 schenkte. Der Urenkel aus Onalaska/Wisconsin hatte es im Estrich seiner Eltern in Iowa gefunden. Sie wiederum hatten es von Toms Großvater, dem nach Amerika ausgewanderten Sohn von Matthias Zurbriggen, bekommen.

In den Aufzeichnungen des Führerbuchs lässt Zurbriggen große Umsicht und Sorgfalt bei der Vorbereitung jedes Aufstiegs erkennen, und instinktive Handlungssicherheit, Geistesgegenwart, große Entscheidungskraft, bei einer immensen

Ruhe, die ihn auch in gefährlichen Situationen nicht verließ. Er konnte Vertrauen ausstrahlen und Sicherheit geben, galt als zuvorkommend und hilfsbereit. Rosemary de Fonblanque und Fanny Bullock Workman lobten seinen geschickten Umgang mit dem weiblichen Geschlecht: „He is certainly most strongly to be recommended as a lady's guide."

Doch schon die Lebensgeschichte des Vaters Lorenz ist dramatisch: Er war ein armer Schuster im kleinen Saas-Fee im Wallis. 1857 wandert er mit seiner Frau und den Kindern aus und zieht an die Südseite des Monte Moro, nach Macugnaga. Mattia ist zwei Jahre alt. Der Vater wird Arbeiter in einer Erzmine und verdient nun das Sechsfache von dem, was er in Saas-Fee verdient hatte. Doch der Wohlstand der inzwischen siebenköpfigen Familie findet ein jähes Ende: herabstürzende Felsmassen töten den Vater und stürzen damit alle ins Nichts.

Mit 14 schnürt Mattia sein Bündel und zieht in die Welt, um sein Glück als Gelegenheitsarbeiter im Wallis und in der Westschweiz, in den Kupferminen von Anniviers und beim Bau des Lötschbergtunnels zu verdienen. Es verschlägt ihn nach Italien, Frankreich, Tunis, Algier, bis er nach einem guten Jahrzehnt mit einer ansehnlichen Summe Geldes nach Hause zurückkehrt. Er eröffnet einen Krämerladen, in dem er auch Schmugglerware – Zucker, Kaffee, Pfeffer, Kakao, Gewürze und andere Begehrtheiten – verkauft, die in großen Säcken über den Monte Moro und Morelli Pass geschleppt werden. Bald steht mehr seine Mutter im Geschäft als er: Mattia hat die Berge entdeckt.

Seine Laufbahn als Bergführer beginnt mit kleinen Aufträgen, bis er sich an einem schönen Morgen, im August 1886, gemeinsam mit dem Kaufmann Julius Kugy aufmacht, um die Monte Rosa Ostwand zu besteigen. Mit der Erstbegehung schreiben sie Alpingeschichte. Der geglückte Durchstieg macht Zurbriggen zum international gefragten Bergführer, zum begehrtesten Führer seiner Zeit, der sich seine Auftraggeber aussuchen kann.

1892 reist Zurbriggen mit Sir Martin Conway und Oscar Eckenstein, dem legendären Steigeisenkonstrukteur, in den Himalaya, um dort mehr als 16 Fünftausender zu besteigen. Mit der Gipfelerkletterung des Pioneer Peak im Karakorum steht er auf dem bis dahin höchsten Punkt, der jemals auf der Erde betreten worden war.

Die Expedition bleibt so gut wie ein Jahr im Himalaya und erforscht unbekannte Höhen. Danach reist Zurbriggen alleine durch Indien und Australien. Für zwei Jahre kehrt er in die Alpen zurück. Mit dem Engländer Edward Fitzgerald reist er nach Neuseeland, wo sie einige Berge erstbesteigen. Den höchsten Berg Neuseelands, den 3754 m hohen Mount Cook, erobert Zurbriggen 1895 allein. Eine zweite Reise nach Neuseeland mit dem Hutfabrikanten Giuseppe Borsalino ist weniger erfolgreich, das Wetter vereitelt die Aufstiege.

1896 geht Zurbriggen als Führer einer zehnköpfigen Expedition unter der Leitung von Fitzgerald nach Südamerika – Ziel der Expedition ist der Aconcagua. Nach zwei Fehlschlägen starten die Männer am 9. Januar 1897 einen dritten Versuch. Fitzgerald muss knapp vor dem Gipfel entkräftet aufgeben, Matthias startet durch: allein und als erster Mensch steht er auf dem höchsten Berg des amerikanischen Kontinents.

Zurück in der Heimat ist er mit verschiedenen Auftraggebern im Wallis unterwegs. Ausführlich im Führerbuch beschrieben ist die erstmalige Traversierung des Jochs zwischen Schwarzhorn und Ludwigshöhe im Monte Rosa Massiv 1898. Im Folgejahr und 1902 reist Zurbriggen in den Himalaya, beide Male auf Einladung des amerikanischen Forscherehepaars Bullock Workman. Dazwischen begleitet er Scipione Borghese 1900 ins Tian Shan-Gebirge, wo ihnen eine Reihe von Erstbegehungen gelingt. Zurbriggen steht auf dem Gipfel seines internationalen Ruhms, ein Mann der Höchstleistungen.

Was war sein Motor? Was trieb ihn an? War es der Ehrgeiz? „Es gibt noch einen Riesenberg, den ich gern besteigen möchte“, gesteht er am Schluss seiner Erinnerungen. „Das ist der Mount Everest! Zum Gipfel eines jeden Berges führt ein gangbarer Weg. Ich glaube sicher, dass es auch einen auf den Mount Everest, den Allerhöchsten, gibt.“

Doch niemand weiß, wieso sein Leben nun eine Wende nimmt. Seine internationalen Touren brechen ab, nur noch auf bekannten alpenländischen Routen findet man ihn, nichts Spektakuläres. Symbolisch ist vielleicht eine der letzten Touren – die Besteigung „seiner“ Monte Rosa Ostwand, jener Wand, die seinen Ruhm begründet hatte, mit Julius Kugy, genau jenem Mann, mit dem er sie schon 1886 erklommen hatte. 1907 verschwindet Zurbriggens Name vollkommen aus der Alpingeschichte. Er verlässt die Berge, zieht in die Großstadt Genf – warum, weiß niemand. Getrennt von seiner Frau Ursula Schranz und seinen Kindern sind seine letzten zehn Jahre von Not, Armut und Obdachlosigkeit geprägt. Vermutlich verfiel er dem Alkohol, sicherlich stürzt er in tiefe Depressionen. Am 21. Juni 1917 wird er erhängt aufgefunden. Im Nachruf sagte Lord Conway: „Zurbriggen war leidenschaftlich, ausschweifend, überschwänglich. Er gehörte nicht zu den Männern, die gewillt sind, als Bergsteiger bis in das sechzigste Jahr auszuhalten. Sein Leben endete, als er es bis zur Neige ausgetrunken hatte."

Das Führerbuch hat Zurbriggen überdauert, und es erinnert an seinen Ruhm. Und bis heute verewigt ist er in der Zurbriggen Ridge in Neuseeland, der Colle Zurbriggen im Monte Rosa Massiv und dem Cerro Zurbriggen in Südamerika. Vielleicht war es wirklich der Ehrgeiz. Oder aber eine unstillbare Sehnsucht, eine Sehnsucht, die Matthias Zurbriggen beflügelte und zu unvergesslichen Pionierleistungen verhalf, vielleicht aber dieselbe Sehnsucht, die ihn das Leben kostete. Wie sagte er? „Ich fühlte mich dem Himmel näher."

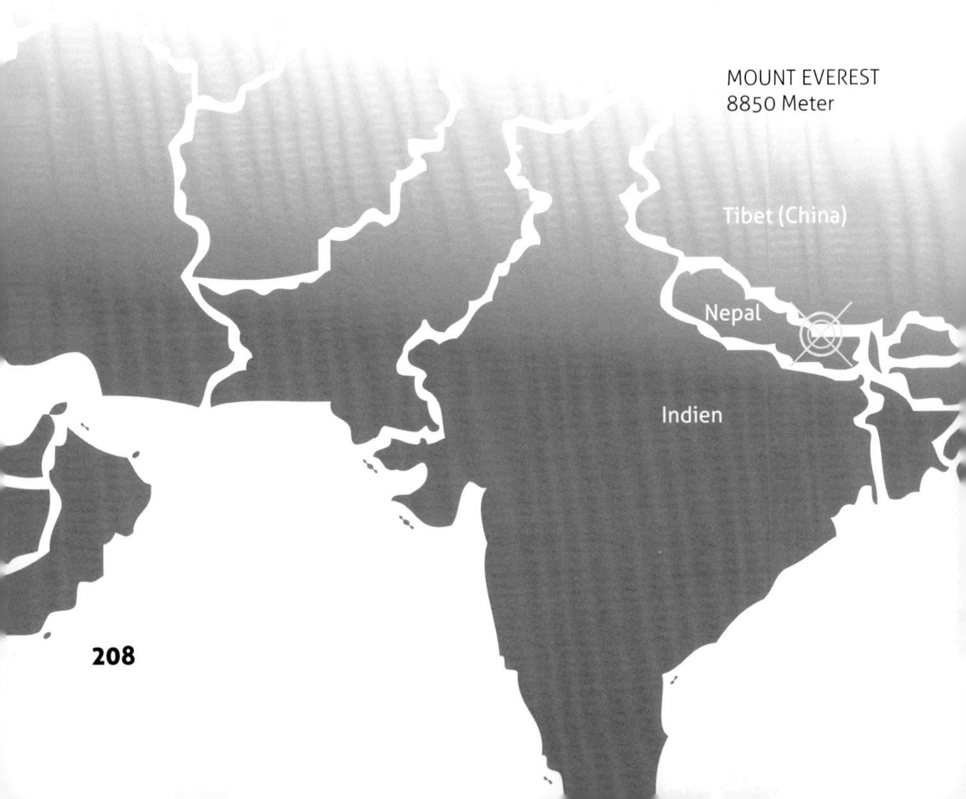
MOUNT EVEREST
8850 Meter
Tibet (China)
Nepal
Indien

7

Geographische Breite: 27°59' N
Geographische Länge: 86°55' O

MOUNT EVEREST

in Nepal/Tibet (China), Asien

Höhe: 8850 Meter
Geologische Lage: Himalaya

Erstbesteigung: 29. Mai 1953
Erstbesteiger: Edmund Hillary (Neuseeland) und Tenzing Norgay (Nepal)
Normalweg: Südroute

Bestiegen am 23. Mai 2001 zusammen mit Erich Gatt über den Nordostgrat

Derjenige, der nicht mutig genug ist, Risiken einzugehen, wird niemals etwas im Leben erreichen.

(Muhammad Ali)

7

„Ich kletterte weiter, schlug die Stufen und überwand Felsblock um Felsblock und eine überhängende Schneewächte nach der anderen. Dabei hielt ich gespannt nach dem Gipfel Ausschau. Er war nicht zu sehen, und die Zeit wurde knapp. Schließlich arbeitete ich mich um die Rückseite eines sehr großen Felsblocks herum und kletterte dann, von Tenzing am straffen Seil gehalten, auf einen sanft geneigten Schneegrat hinauf. Und plötzlich hatten wir unser Ziel erreicht. Es war 11.30 Uhr und wir standen am Gipfel des Mount Everest!"

Dies schrieb der Erstbesteiger Sir Edmund Hillary nach geglücktem Gipfelerfolg, und mit ihm fand das Streben des Menschen, den höchsten Punkt der Erde, den oftmals zitierten „dritten Pol" zu erreichen, ein Ende. 101 Jahre zuvor, 1852, war bekannt gegeben worden, dass der damals als „Peak XV" bezeichnete Berg der höchste der Welt war. 1865 wurde er Mount Everest genannt, zu Ehren von George Everest, Landvermesser Indiens und Chef aller britischen Geometer. Der Name, der eigentlich nur als Zwischenlösung geplant war, hält sich bis heute.

Der Mount Everest heißt für Tibetaner Chomolungma, „Göttinnenmutter der Erde". Ab 1893 bemühte man sich, den Berg zu erklimmen; besonders besessen davon war George L. Mallory, der auf die Frage, warum er denn den Everest besteigen wolle, einfach und legendär antwortete: „Weil er da ist." Dieses Zitat wurde am 18. März 1923 in der New York Times abgedruckt, und der Titel des Artikels lautete: „Die Mount-Everest-Besteigung – eine Arbeit für Superman". 1924 kam er bei seinem letzten Versuch ums Leben; sein Leichnam wurde 75 Jahre später gefunden, aber bis heute ist unklar, ob Mallory während des Auf- oder Abstiegs zum bzw. vom Gipfel abgestürzt ist. Reinhold Messner und Peter

Habeler waren 1978 in einer von Wolfgang Nairz geleiteten österreichischen Alpenvereins-Expedition die ersten Menschen ohne künstlichen Sauerstoff am Gipfel.

Die Faszination Mount Everest ist im Laufe der Jahrzehnte stetig gewachsen. Von 1953 bis 1979, in 27 Jahren also, standen lediglich 99 Menschen am Gipfel; innerhalb von nur sechs Jahren, von 1980 bis 1985, verdoppelte sich diese Zahl. 1993 erreichten mehr als 100 Bergsteiger in einem Jahr das Dach der Welt, 2003 mehr als 200. Und 2007 gelang über 600 Menschen der Gipfelsieg. Insgesamt waren rund 5000 Menschen auf dem Mount Everest; die Todesrate ist ebenfalls hoch (jeder fünfte von denen, die es versuchen), weil der Mount Everest nicht nur erfahrene Bergsteiger und Kletterer anzieht, sondern auch Abenteuerlustige und „Outdoor-Touristen".

Zwei Besteigungen seien noch erwähnt aus einer schier endlosen Liste an Namen und Rekorden. Der 13-jährige Jordan Romero aus den USA war 2010 der Jüngste auf 8850 Metern, mit 76 Jahren war Min Bahadur Shercha aus dem Nepal der älteste Mensch auf dem Gipfel.

War ich auch einer von jenen Verwegenen, der auf den Mount Everest wollte, gleich aus welchen Beweggründen heraus? Ich weiß es nicht, ich fühle mich am meisten vom berühmten Satz Mallorys angezogen. Ich wollte auf den Mount Everest, weil er eben da war und weil ich ihn immer schon besteigen wollte. Im Herbst 1998 war ich auf Trekking-Tour im nepalesischen Hochland gewesen, und da stand er da, majestätisch alles um sich herum vereinnahmend. Spätestens an diesen Tagen war mir klar, dass die Besteigung dieses Bergs zu einer meiner Lebensaufgaben werden würde.

7

Dinge entwickeln sich zuweilen schneller, als man annimmt. Ich stand mitten in meiner radsportlichen Karriere, dachte von Race Across America zu Race Across America. Doch als ein TV-Team des ORF einen Film über mich drehte, fiel die Bemerkung, dass eine Everest-Besteigung live für das Fernsehen geplant sei – aber man suche noch nach Sponsoren, bräuchte noch die Ausrüstung und die notwendigen Papiere. Ich wusste sogleich, dass ich dabei sein wollte. Meine Frage rief Kopfschütteln hervor, ich wäre ja ein Radsportler und kein Bergsteiger. Langer Rede kurzer Sinn: Während der ORF-Plan aus mannigfachen Gründen nicht realisiert wurde, machte ich mich daran, an den Everest zu kommen und auf ihn hinaufzusteigen.

In dieser Phase half mir mein damaliger Medienbetreuer Wolfgang Eichler, heute ein wichtiger Kommunikationsmanager für UEFA und FIFA, in vielen Dingen weiter. Nicht nur, dass er meine Idee unterstützte: er machte sich auch schlau, wie und wo man sich einer Expedition anschließen könnte. Die Auskünfte waren allesamt niederschmetternd. Doch dann hörte ich, dass die Firma Horizont-Reisen der Familie Gatt eine Expedition zusammenstellte, ich fasste mir ein Herz und rief an. Am anderen Ende der Leitung war Erich Gatt mein Gesprächspartner, und dieser wollte von meinem Ansinnen nichts hören. Das geht ja nicht, das ist ja nicht seriös – so der Grundtenor. Der einzige, wenn auch schwache Lichtblick war sein Schlusssatz: „Aber mir kann es eigentlich egal sein, verantwortlich ist ja mein Sohn, mit dem müssen Sie reden." Also traf ich Stefan Gatt im Herbst 1999 in Linz, und er hatte sich sehr gut auf dieses Treffen vorbereitet. Er händigte mir nämlich drei DIN A4-Blätter aus, mit den zu erfüllenden Voraussetzungen, begonnen bei der Durchführung von Balanceakten über Sicherungstechniken, Felsbergsteigen, Eisklettern bis hin zum Biwakieren. Er gab mir zu verstehen, dass mir alles fehlt, um dort hinaufzukommen. Er sagte mir, dass meine Chance, den Gipfel zu erreichen, bei lediglich 30 Prozent liege. Und er legte mir schwarz auf weiß seinen Punkt elf vor: „Im Vorfeld der Expedition hat sich Wolfgang Fasching einem mehrtägigen Praxistest im Beisein von Stefan Gatt zu unterziehen. Dann wird geklärt, ob Fasching in der Lage ist, die Expedition anzutreten."

Ich machte mich an die Arbeit, nahm Stunden bei Bergführern, war auch mit Stefan Gatt selbst unterwegs und arbeitete die Aufgabenliste Punkt für Punkt ab. Doch der Expeditionsleiter ging auf Nummer sicher. Bei einem Ausflug in Bad Goisern kletterte er eine Wand mit Schwierigkeitsgrad vier bis fünf vor, und ich ihm nach. Was ich nicht wusste, war, dass dies der letzte Test war. „Du hast die Aufnahmeprüfung bestanden", sagte er mir, „ich habe ein gutes Gefühl, ich nehme Dich mit" und ich war perplex, weil ich nicht gewusst hatte, dass es sich um eine Prüfung gehandelt hatte. Ich war also mit dabei, und ich musste seinen Regeln zustimmen: dass ich zu tun hätte, was er sagte – ohne Diskussion und Widerrede.

War ich einer von jenen, die sich in eine Expedition einkauften und dann kneifen? Nein: Hätte ich den Eignungstest von Stefan Gatt nicht bestanden, wäre ich nicht nach Asien geflogen. Einerlei, ob die Teilnahmegebühr schon auf seinem Konto war oder nicht. Und, ja: Auch ich, der Radfahrer, hatte mich eingekauft in eine Gruppe von Bergsteigern. Es kam zu Spannungen, weil ich die Medienarbeit anders interpretierte als meine Kollegen, weil ich mit den Logos von Sponsoren auf meiner Kleidung herumlief, weil mein Pressebetreuer Wolfgang Eichler in den Himalaya nachgekommen war. Nur gut, dass ich mein Rad daheim gelassen hatte – ich hatte meine ersten, etwas exklusiven Überlegungen gleich wieder ad acta gelegt.

Ehrlich. Ein Rad auf den höchsten Gipfel der Welt zu schleppen ist verrückt, und es widerspricht der Symbiose des Menschen, wenn er sich auf dem Berg bewegt. Ski und Snowboard sind andere Geräte, diese können bei der Besteigung oder auf dem Rückweg auch verwendet werden. Doch nicht einmal ich habe ernsthaft daran gedacht, im Sattel dann vom Mount Everest hinunterzufahren.

Was sei, wenn ich scheiterte, wurde ich gefragt – und mich hatte diese Frage tatsächlich erstaunt. Ich hatte mir keine Gedanken darüber gemacht, dass ich es nicht zum Gipfel schaffen könnte. Ich und scheitern? Unvorstellbar! Und dennoch. Dennoch, ich war sensibilisiert. Ich wollte unter allen Umständen mit einem Erfolg aus dem Himalaya zurückkehren, und deswegen initiierte ich mit Kommerzialrat Hans Roth des Unternehmens „Saubermacher" eine Aktion, die wichtig für die Umwelt war und die den 50-Tage-Trip auf alle Fälle zu einem Erfolg werden ließ. Mit hundert 100-Liter-Säcken von Österreichs größtem Privat-Entsorger sammelten wir Müll am Berg und brachten ihn ins Tal. Wieder war ich Mittelpunkt eines schwelenden Konflikts, dachten doch die anderen Teilnehmer der Gruppe, dass sie Müll zusammensuchen mussten und ich dafür bezahlt würde. Eine Krisensitzung im Basislager (bei der ich unerwünscht war) brachte Aufklärung.

Die Umweltverschmutzung am Mount Everest nimmt in der Tat immer gewaltigere Ausmaße an. Zurückgelassen werden Sauerstoffflaschen, Speisereste, Dosen, Plastikflaschen, auch Zelte. Der Südsattel gilt als „höchster Mistplatz der Welt". Nunmehr muss jede Expedition eine Kaution hinterlegen, die nur dann zurückbezahlt wird, wenn die gesamte gebrauchte Ausrüstung aus dem Basislager wieder mitgenommen wird. Es gibt Expeditionen auf dem Berg, die den Müll aus den Hochlagern holen, wie beispielsweise jene des Japaners Ken Noguchi. Da freue ich mich, dass auch wir Österreicher schon mitgewirkt haben in diesen Bemühungen, den Mount Everest sauberer zu gestalten. Insgesamt brachten wir drei Tonnen Müll aus der Natur weg.

Wir sind 24 Personen, von denen zwölf auf den Mount Everest wollen; unsere 50 Tage lange Reise gliedert sich in zwei Etappen; wir wollen den Nyenchen Thanglha (7117 m) besteigen, was für zwölf das Ziel der Fahrt ist, für elf eine Vorbereitung auf den Mount Everest und für mich die letzte Generalprobe. Und sie beginnt schlechtestmöglich. Im Basislager jagt eine Hitzewelle nach der anderen durch meinen Körper, und dies bei Temperaturen weit unter dem Gefrierpunkt. Ich habe 38 Grad Celsius Fieber und unterziehe mich einer Antibiotika-Kur, während die anderen Richtung Gipfel losziehen. Als es mir besser geht, bewege auch ich mich von 5300 m Richtung Lager eins auf 6400 m. Dort rebelliert die Gruppe gerade gegen Stefan Gatt, der ohne Fixseile auf den Gipfel will, letztlich aber doch nachgibt.

Der Nyenchen Thanglha gilt als sehr selektiv; ich bin froh, Theo Fritsche aus Vorarlberg an meiner Seite zu haben, er ist erfahren, ruhig und strahlt Sicherheit aus. Und als er mir am Gipfel sagt, dass ich mich klettertechnisch vor dem Mount Everest nicht fürchten bräuchte, – „schwieriger als hier ist es dort auch nicht" – wäre ich ihm vor lauter Dankbarkeit fast um den Hals gefallen.

7

Zurück in Lhasa hätten wir eigentlich ausspannen und neue Kräfte sammeln sollen. Doch mich plagen Zahnschmerzen, ich muss ins Krankenhaus, wo keine seriöse Diagnose erstellt wird – meine Bedenken zerstreut der Haus-Zahnarzt in Österreich telefonisch. Dort, wo es schmerzt, habe ich nur Kronen, da können keine Probleme auftreten. Ich muss Geduld haben, nach zwei, drei Tagen ist der Schmerz, der höhenbedingt ist, vorbei.

Und dann geht es tatsächlich los. Unser Weg nach oben soll jener über die Nordseite sein, die zwar anspruchsvoller, aber schneeärmer und frei von Gletscherspalten ist. Im Basislager des Mount Everest auf 5208 m Seehöhe ist unsere Expedition eine der kleineren von insgesamt 29, Stefan Gatt mit seinen 30 Jahren der jüngste Expeditionsleiter von allen Anwesenden. Eindrucksvoll erinnern Gedenktafeln an die Gefahren am Berg und bunte Gebetsfahnen sollen die Götter gnädig stimmen. Diskutiert wird über das ewig aktuelle Thema, ob mit oder ohne zusätzlichen Sauerstoff der Gipfel bestiegen werden soll; ich habe meine Entscheidung schon in Österreich gefällt und meiner Frau Doris versprochen, dass ich ab 8300 m, also ab Hochlager drei, zur Sauerstoffflasche greifen werde. Andere reden davon, „by fair means", auf ehrliche Art und Weise ganz nach oben zu gelangen, ohne Hilfsmittel also. Der Begriff ist dehnbar. Träger helfen, das Material hinaufzubringen, stellen die Zelte auf, spuren den Weg. Fixseile von anderen Expeditionen sind vorhanden. Würde nicht schon ein einziger Griff nach diesen Seilen „by fair means" zuwiderlaufen?

Ich will mich an dieser Stelle nicht in eine bergsteigerische Diskussion einlassen, die ich nicht führen will und vielleicht auch nicht führen kann. Nicht ich bin der Bergsteiger-Profi, sondern andere. Nicht ich kann, will und muss definieren, was „by fair means" bedeutet. Das sollen andere, prominentere: Reinhold Messner oder Hans Kammerlander oder Wolfgang Nairz oder Robert Schauer. Mein persönlicher Standpunkt ist ein einfacher: leben und leben lassen. Man will ein Ziel erreichen – dann soll man sich dahingehend organisieren, dass man es auch erreicht und gesund wieder nach Hause zurückkehrt. Und deswegen habe ich auch kein Problem damit, künstlichen Sauerstoff verwendet zu haben auf dem Weg zum Dach der Welt. „By fair means" hin oder her.

Der Weg auf den Mount Everest ist ein mühsamer und langsamer. Seit Tagen sitzen wir im Advanced Base Camp auf 6450 m fest. Meteorologische Probleme drücken die Temperatur unter den Gefrierpunkt, atmosphärische Probleme machen die Situation nicht einfacher. Stefan Gatt beginnt an unseren Gipfelchancen zu zweifeln, die Speisekarte ist immer gleich: Knoblauchsuppe, Reis, Yakfleisch, zuweilen Huhn. Ich, der Außenseiter, rede wenig und höre zu. Gesprochen wird über die großen Tragödien am K2 und am Mount Everest.

Wieder Tage später bessert sich das Wetter, und mit blauem Himmel kehrt auch wieder eine bessere Stimmung in der Gruppe ein. Pläne werden entworfen, wann welches Team aufbrechen sollte. Erich, Theo, Stefan und ich bilden ein Vierer-Team, doch letztlich marschieren lediglich Erich Gatt und ich gemeinsam – und dies auch nur temporär. Denn am 22. Mai, einen Tag vor der geplanten Besteigung des Gipfels, macht sich der Tiroler alleine auf den Weg von Lager zwei nach Lager drei. Ich bin alleine mit dem Berg, bis ich auf den Australier Mark Auricht treffe, mit dem ich einige Zeit gehe. Als wir uns verabschieden, versprechen wir uns, uns morgen am Gipfel zu sehen. Doch er wird es nicht schaffen, mehr noch, auf seinem Rückweg stirbt er (am 24. Mai) an einem Herzinfarkt. Am Tag meines Gipfelerfolges am 23. Mai stürzt ein anderer Österreicher ab, Peter Ganner aus Lilienfeld, und verstirbt nach 18 Stunden an der Unfallstelle an Erfrierungen. Ganner liegt dort in seinem eisigen Grab, weil es unendlich schwierig bis unmöglich ist, Tote aus der Todeszone ins Tal zu transportieren.

--

Für Doris beginnt daheim eine Zeit des Hoffens und Bangens. Sie hat seit drei Tagen nichts mehr von Wolfgang gehört, weiß aber, dass ein Österreicher abgestürzt ist. „Ich kontaktierte Stefan Gatt, aber das war nicht so einfach, weil alle Anrufe über eine Telefondienststelle weitervermittelt werden mussten", erinnert sie sich zurück. „Als ich endlich einen Bergkameraden in der Leitung hatte, weinte dieser, es war Theo Fritsche, sodass ich nicht wusste, was nun tatsächlich mit Wolfgang geschehen war. Dann brach die Leitung zusammen und ich musste wieder neu die Nummer wählen. Erst nach mehrfachen Anläufen war mir klar, dass es Wolfgang geschafft hat und dass es ihm gut geht."

Die Erfahrungen 2001 haben Doris Fasching geprägt für die weiteren „Seven Summits"-Besteigungen. „Ich befasse mich absichtlich nicht Tag für Tag oder Stunde für Stunde mit den Unternehmungen von Wolfgang, will gar nicht wissen, wie hoch er gerade steht und wie es läuft. Ich könnte ohnehin nicht hilfreich zur Seite stehen. Wenn er sich telefonisch meldet, freut es mich und ich bin beruhigt. Wenn er es nicht tut, beginnt bei mir schon schnell ein Grübelkreislauf. Negative Gedanken kommen eben immer als erste. Aber ich stehe hinter ihm und seinen Projekten."

--

Während der gesamten Zeit am Everest lasse ich nie den Gedanken in mir hochkommen, dass ich scheitern könnte. Ich kann mir immer und immer wieder vorstellen und sehen, wie ich am Gipfel stehe und wie ich gesund wieder in das Basislager zurückkehre. Es ist der 23. Mai, zwei Uhr nachts, als wir im Lager drei aufwachen, um vier Uhr stapfen wir los. Erich Gatt ist 57 Jahre alt, ein erfahrener, routinierter Bergsteiger. Doch nun kommen ihm Zweifel, er sinniert, ob er es denn wirklich auf den Gipfel schaffen wird. Sportlich formuliert könnte man sagen, dass er Angst vor dem Gewinnen hat, doch diese Furcht nehme ich ihm. Nunmehr, zehn Jahre später, reifer und erfahrener, weiß ich, dass eine Bergbesteigung nicht sportlich gesehen werden darf. Im Sport gewinnt, wer am schnellsten ist. Am Berg gewinnt niemand – Langsamkeit, Aufmerksamkeit, Wachsamkeit sind jene Eigenschaften, die nach oben und dann wieder sicher nach unten führen.

Wir gehen fünf, sechs Schritte, holen Luft und machen Pause. Dann folgen die nächsten fünf, sechs Schritte. Alles passiert wie in Zeitlupe. Ohne Erich würde ich es nicht schaffen, er übernimmt an allen Schlüsselstellen die Führungsarbeit. Auf 8600 m haben wir das „Gelbe Band" bereits hinter uns gelassen und sind über einen toten Inder gestiegen, der dort seit dem Jahr 1996 liegt – auf dieser Höhe hat niemand die Kraft, ihn beiseite zu schieben oder gar in das Tal zu bringen. Wir überwinden den „ First Step", eine Kletterpassage, bei der auch Erich tief durchatmen muss.

Der „Second Step" ist die Schlüsselstelle des Mount Everest auf der Nordseite; hier soll George L. Mallory gescheitert sein (oder auch nicht, je nach Ansichtssache), hier steht eine 1960 von Chinesen installierte Leiter, die seitdem die Überwindung der Passage erleichtert. Allerdings: Wenn zu viele Expeditionen zugleich unterwegs sind, bilden sich Schlangen wie an einer Supermarkt-Kassa.

Danach wird unser Aufstieg leichter, aber nicht unbeschwerlicher. Nach dem „Third Step" erwartet uns als letzte Herausforderung das Gipfel-Eisfeld.

Um 13 Uhr ist der Aufstieg beendet, wir stehen am höchsten Punkt der Welt. Unsere Emotionen sind verschieden. Während Erich Gatt, der bereits hunderte Gipfel erklommen hatte, Tränen der Rührung in den Augen hat, lasse ich meinen Blick in alle vier Himmelsrichtungen schweifen, fühle mich quasi wie in einem Flugzeug sitzend auf die Berge herabschauend – und könnte dann wieder absteigen. Erich muss mich quasi überreden, für ein Foto zu posieren. Während er sich fast nicht mehr vom Gipfel verabschieden will, beginne ich zu drängen. Wir sind erst auf halbem Weg, sage ich, wir müssen zurück, wir müssen absteigen.

Das sind zu wenige Emotionen für einen, der sich erst seit kurzer Zeit mit diesem Berg auseinandergesetzt, unzählige Bücher gelesen, deswegen klettern gelernt hat. Doch ich sehe es sportlich-banal: Berg erreicht, Berg abgehakt.

Fast emotionslos stapfe ich abwärts, während Erich immer wieder stehen bleibt, um Fotos zu schießen. Nach 19 Stunden Auf- und Abstieg finden wir bei Nacht und Nebel im Lager zwei unser eigenes Zelt nicht und liegen in einem, dessen Besitzer sich nicht blicken lässt. Gottlob.

Wieder einen Tag später geht es sehr, sehr langsam weiter Richtung Advanced Base Camp (ABC), weil ich Schmerzen in den Augen bekomme. Meine Aussage dort, dass ich die Besteigung als nicht sonderlich schwierig empfinde, dass ich mir die Sache „wilder" vorgestellt hätte, macht mir keine zusätzlichen Freunde. Aber so bin ich, nüchtern und realistisch. Und, damals mehr als heute, sportlich. Mit meinen Worten wollte ich eine Mount Everest-Besteigung nicht verniedlichen, aber körperlich wie mental hatten mich andere Projekte mehr gefordert. Der große Unterschied am Mount Everest zu allen anderen Bergen: das Risiko. Radfahren ist ungefährlicher.

Handle mutig,

... und du wirst mutig! Gut, man könnte jetzt auch den Satz vollenden und sagen: ... und du fällst runter! „Handle mutig" bedeutet für mich aber vor allem eines: das Verlassen der Komfortzone. Jeder von uns hat nämlich einen Lebensbereich, einen physischen wie auch psychischen, in dem er sich besonders wohl fühlt. Das kann die Wohnung sein oder der bevorzugte Ferienort, das sind liebgewonnene Menschen und Freunde, das sind Arbeiten, die wir gerne machen oder nach denen wir uns sogar sehnen. In dieser Komfortzone fühlen wir uns sicher, beschützt und unangreifbar.

Um sich als Persönlichkeit weiterzuentwickeln, ist es jedoch notwendig, diese Zone der angenehmen Empfindlichkeiten zu verlassen, nicht permanent, aber regelmäßig. Wir sollten neue Plätze und Menschen kennenlernen, wir sollten uns mit Thematiken auseinandersetzen, die uns bis dato weniger interessiert haben oder die wir abgelehnt haben, weil zu uninteressant, zu unwichtig, zu banal. Die Konfrontation mit Neuem erweitert den eigenen Horizont, und sie erweitert dadurch unsere Komfortzone.

„Handle mutig“ heißt nicht, übertriebenes Risiko einzugehen und abzustürzen. „Handle mutig“ heißt, einen Schritt weiter zu gehen als bisher, zu sehen, ob man in der Lage ist, diese zusätzliche Aufgabe auch noch zu meistern. Mut ist der Turbo unserer Motivation. Wenn wir etwas erreichen wollen, beispielsweise den Mount Everest besteigen, dann müssen wir handeln, mutig handeln, neue Wege beschreiten. Mut ist eine treibende Kraft, lässt kalkuliertes Risiko zu. Hingegen: Übermut tut selten gut!

Die Bremse in der heutigen Zeit heißt: „Wir haben das immer schon so gemacht, warum sollten wir es jetzt anders machen?!“ Mit dieser Einstellung wäre ich nie aus meiner steirischen Komfortzone gekommen, nie beim RAAM siegreich gewesen, hätte nie den Mount Everest bestiegen, hätte nie die „Seven Summits“ erreicht. Handle mutig, ...!

Glückszahl 13

Die Rückkehr von der Everest-Expedition verläuft triumphal. Ich bin der 13. Österreicher, der auf dem Dach der Welt war. Und als mich ein Reporter fragt, wie es nun weitergeht, antworte ich, ohne viel nachzudenken: „Es gibt ja eine Südseite auch noch.“

Stefan Gatt:

"Bei Wolfgang war der Profisportler sichtbar"

Stefan Gatt, Sie waren Expeditionsleiter 2001, als es auf den Mount Everest ging und Wolfgang Fasching zu Ihrer Gruppe gehörte. Wenn Sie zurückdenken, welche Momente kommen Ihnen in den Sinn?

Ich weiß noch, wie Wolfgang mich angerufen hat und mir sagte, dass er mit dem Rad auf das Dach der Welt wolle... und ich weiß noch, wie mein Vater, über dessen Reisebüro die Reise abgewickelt wurde, einen bergsteigerisch unerfahrenen Teilnehmer wie Wolfgang strikt mit der Begründung ablehnte, dass er keinen Toten riskieren möchte.
Wir haben uns dann getroffen, und wir haben eine Basis gefunden, auf der die Besteigung des Mount Everest für Wolfgang Fasching funktionieren könnte. Ich sagte ihm, dass ich ihn schätze, dass ich ihn unterstützen wolle, auch, damit er nicht in einer anderen, eventuell gefährlicheren, Expedition landet. Ich wollte ihm den Gipfelsieg ermöglichen, doch er musste mich überzeugen, dass er es drauf-hatte. Und wenn er bei den Prüfungen durchgefallen wäre, hätte ich ihn sicherlich nicht mitgenommen.
Wolfgang hatte rund neun Monate lang Zeit, um meine Vorgaben zu erfüllen, sich mit dem Höhenbergsteigen auseinander zu setzen und klettern zu lernen. Zwei Monate vor Expeditionsbeginn habe ich gemerkt, dass Wolfgang ein alpines Verständnis aufgebaut, ein Gefühl für das Gelände entwickelt und klettertechnisch zugelegt hatte. In heiklem brüchigem Gelände bewies er Trittsicherheit. Dies sind Faktoren, die in großer Höhe und

reduzierter kognitiver Leistungsfähigkeit überlebenswichtig sind. Zum Vorschein kam von Anfang an nicht mehr der Radsportler, sondern der Profisportler, der mit eiserner Konsequenz für ein Ziel trainiert und sich jenes Know-how, das er nicht hatte, anderswo aneignete.

Bei der Expedition selbst war Wolfgang Fasching, nun ja, nicht ganz in der Gruppe integriert.

Ich weiß nicht, ob Wolfgang tatsächlich ein Fremdkörper war. Ich persönlich hatte mit ihm ein sehr gutes Einvernehmen; dass wir uns dann aus den Augen verloren, lag daran, dass keine Notwendigkeit mehr bestand, uns zu treffen oder zu hören. Klar ist, dass Bergsteiger schräge Personen sind, dass Neid und Konkurrenzdruck dauerhaft anwesend sind, dass es in dieser Szene kulturelle Regeln gibt, die Wolfgang nicht kannte…

… beispielsweise?

Was die Pressearbeit angeht oder die Vermarktung der Erfolge betrifft – das ist verpönt in Bergsteigerkreisen. Oder Aussagen über den Berg: Wolfgang sagte nach seiner Rückkehr vom Gipfel, dass er es sich schwerer vorgestellt hatte … das war natürlich ganz falsch, richtig wäre gewesen zu sagen: Das war extrem gefährlich, extrem anstrengend – aber ich habe es geschafft. Bergsteiger gehören zudem zu den knauserigeren Zeitgenossen, drehen jeden Euro zwei Mal um. Wolfgang war anders – er zahlte, was es kostete, ohne großartig zu feilschen.

Mt. Everest

in Asien, 8850 m hoch,
bestiegen am 23. Mai 2001

Wiesbauer

Wiesbauer

Vorbereitung & 7 Summits Austria

eybl

SEVEN SUMMITS

SEVEN SUMMITS

SEVEN SUMMITS

SEVEN SUMMITS
SEVEN SUMMITS

SUMMITS

Die Gruppe gegen Wolfgang?

Nein, so würde ich das nicht sagen. Sicher war (und ist) Fasching mehr Einzelsportler als Teamplayer, aber das ist auch nachvollziehbar. Soll einer mal nachmachen, was er gemacht hat! Aber dass es den einen oder anderen gegeben haben wird, der sich dachte: Dieser Anfänger, der wird schon sehen, dass er es nicht auf den Gipfel schafft – das kann ich mir schon vorstellen.

Welche Beziehung haben Sie zum Mount Everest?

Ich liebe mehr das Klettern und weniger das Höhenbergsteigen. Letzteres ist ein ständiges Knüppeln des inneren Schweinehundes, jeder Schritt ist schwierig, es ist ein Kampf gegen den Wunsch, sich einfach niederzusetzen, oder umzudrehen und zurückzugehen. Ich bin der Überzeugung, dass wir Menschen nicht dort hinaufgehören. Ganz abgesehen davon, dass die ökologischen Auswirkungen schadhaft für die Natur sind. Gäbe es keinen Massentourismus im Himalaya, gäbe es keinen Müll. Wir haben welchen gesammelt und abtransportiert, also hat unsere Expedition auch einen kleinen positiven Aspekt gehabt.

Zum Abschluss: Sie stiegen auf der Mallory-Route über die erste, zweite, dritte Stufe nach oben. Bis heute ist nicht geklärt, ob George L. Mallory 1924 während des Auf- oder Abstiegs zu Tode stürzte. Was denken Sie?

Dass er es geschafft hat. Mallory war ein guter Kletterer, er wird den „Second Step" gemeistert haben. Und wird auf dem Rückweg, erschöpft, abgestürzt sein.

7

PERSON, BERUF, BERGE

Stefan Gatt wurde 1970 in Wien geboren, wuchs aber in Kufstein und in Igls in Tirol auf. Die Liebe zu den Bergen wurde ihm von seinen Eltern vermittelt. „Beim Klettern liebe ich die Vielfalt der Natur", sagt der Sportwissenschafter. Die patagonischen Berge oder Yosemite gehören ebenso wie der Mont Blanc oder die Mühlviertler Felsen zu seinen Lieblingsrevieren. Beruflich ist der zweifache Familienvater Trainer für Team- und Persönlichkeitsentwicklung im Wirtschaftsbereich in Linz. Von den „Seven Summits" hat Gatt neben dem Mount Everest auch den Aconcagua und den Elbrus bestiegen. Es gehört nicht zu seinen Lebenszielen, die Liste zu komplettieren. „Denn es wird sich nicht so nebenbei ergeben, den Mount Vinson oder den Mount McKinley zu besteigen…" Seine Herausforderungen liegen deswegen mehr in der Entwicklung der Persönlichkeit und in glücklichen Beziehungen denn in erfolgreichen Besteigungen.

Sir Edmund Hillary

Der Eroberer des Dritten Pols

Setze Deine Ziele groß genug und die Umstände werden sich nach Deinen Zielen richten.

(Mahatma Gandhi)

An die 350 Träger und 13 Tonnen Ausrüstung trekken in Richtung Everest. Baron John Hunt hat nur ein Ziel: den Mythos von der Unerklimmbarkeit des letzten uneroberten Gipfels der Erde zu brechen; knappe drei Monate hat er Zeit, die nationale Flagge der Briten in das Eis des Gipfels zu treiben, bevor Elizabeth II gekrönt wird...

Tom Bourdillon, der mit seinem Vater zwei Jahre zuvor die geschlossene Sauerstoffausrüstung entwickelt hatte, und der stellvertretende Expeditionsleiter Charles Evans sind Gipfeltruppe. Nach acht gescheiterten Aufstiegen der Briten, vor allem dem von George Mallory und Andrew Irvine 1924, den alle noch im Kopf haben, weil keiner weiß, ob sie den Gipfel erreichten oder nicht, bevor sie im Eis verschollen, haben nun diese beiden Briten ihre Chance.

Es gibt auch ein Ersatzteam: nach Bourdillon kennt wohl der Neuseeländer Edmund Hillary den Everest am besten; er ist ein kraftstrotzender, 1,92 Meter großer Hüne. Tenzing Norgay, der Leiter der Sherpas, ist zwar nur Träger, aber insgeheim weiß jeder, dass er der Erfahrenste ist.

Team 1 startet zum Gipfel. Dem Rest bleibt Warten. Die Spannung steigt. „Unablässig fegte der Sturm von Westen kommend, heulend und kreischend über uns hinweg, mit solcher

Gewalt, dass die Leinwand unseres Pyramidenzelts knatterte wie Gewehrsalven. Ich hatte das Gefühl, an meinem Gehirn sei ein Pressluftbohrer angesetzt", berichtet Hillary später. „Ein Gefühl äußerster Angst und Einsamkeit überkam mich. Was für einen Sinn hatte das alles? Man musste doch verrückt sein, um sich so etwas anzutun."

Evans und Bourdillon sind nicht zurück. Hillary und Tenzing Norgay brechen auf, um am höheren Südsattel ein neues Lager aufzuschlagen. Sie treffen auf Evans und Bourdillon: fast hätten sie es geschafft, aber ein Sauerstoffgerät habe ausgesetzt. Team 2 ist am Zug. Hillary und Tenzing Norgay machen sich auf, die letzten Hürden zum Scheitelpunkt der Erde zu überwinden. Und: sie schaffen es! Der Berg der Berge ist erklommen. „Danke, Muttergöttin der Erde!", sagt Tenzing Norgay am 29. Mai 1953 leise, als er auf dem Dachfirst der Erde steht. Er verehrt den Everest von ganzem Herzen, denn – wie seine Mutter immer schon gesagt hatte – es ist „der-Berg-der-so-hoch-ist-dass-kein-Vogel-drüber-fliegen-kann". Nun liegt ihm und Hillary die Welt zu Füßen. Der ist stolz und erleichtert, und wie immer humorvoll: „So, den Mistkerl haben wir erledigt."

Die Nachricht vom unglaublichen Triumph erreichte Elizabeth ganz knapp vor ihrer Krönungszeremonie; Hillary wurde in den britischen Adelsstand erhoben und zum Ritter geschlagen. Norgay wird die George Medal, die zweithöchste zivile Auszeichnung des Vereinigten Königreichs, verliehen. Gleichzeitig bricht in Nepal eine heiße Diskussion aus: war Hillary der Erste oder Tenzing Norgay? Der Landsmann unterschreibt eine Erklärung, dass er der Erste war. 1955 revidiert er und gibt zu, dass Hillary den ersten Schritt gesetzt hat; der Disput tut der lebenslangen Freundschaft der beiden keinen Abbruch, und fortan einigen sie sich auf einen Satz – dass sie den Gipfel gemeinsam erklommen hätten.

Hillary wurde 1919 als zweites von drei Kindern geboren. Er ging in die Tuakau Primary School, dann auf die Auckland Grammar School. Klettern lernte er schon früh, in den Neuseeländischen Alpen. Hillary studierte Mathematik und Informatik an der Auckland University, wurde aber wie sein Vater passionierter Imker. Mit dem Honigsammeln finanzierte er seine ersten Bergtouren; 1939 gelang ihm sein erster großer Erfolg: er erklomm die Spitze des Mount Olivier.

Im Zweiten Weltkrieg war er Navigator bei der Royal New Zealand Air Force. 1945 erlitt er bei einem Schiffsunglück schwere Verbrennungen und durfte nach Neuseeland zurückkehren.

1948 gelang ihm ein weiterer großer bergsteigerischer Erfolg: die erste Besteigung des Mount Cook über den Südgrat, gemeinsam mit Harry Ayres; 1951 nahm er an einer neuseeländischen Expedition in den indischen Teil des Himalaya teil, danach schloss er sich der britischen auf den Everest an. Nach der Gipfelbesteigung des Everest 1953 bestieg er bis 1965 zahlreiche andere Himalaya-Gipfel. Als Teil einer Trans-Antarktis-Expedition erreichte er im Januar 1958 den gefürchteten Südpol.

Die Berge und seine Verbundenheit mit Nepal wirkten sich auch auf das Schicksal seiner Familie aus: 1975 kamen seine Frau Louise und eines seiner drei Kinder Peter, Sarah und Belinda bei einem Flugzeugabsturz in der Nähe von Kathmandu ums Leben. 1989 heiratete Hillary noch einmal, June Mulgrew, die Witwe eines ehemaligen Bergkameraden, der bei einem Rundflug über der Antarktis ums Leben gekommen war.

Sardar Tenzing Norgay (1914-1986) wurde wahrscheinlich während einer Pilgerreise zum tibetischen Kloster Ghang La geboren. Der Hirtenjunge wuchs in Tibet auf, im Alter von etwa sieben Jahren wanderte er nach Nepal aus. Als junger Mann ging er in die Gegend des Vorder-Himalaya, in die Nähe von Darjeeling, wo er einige Jahre verschiedene Arbeiten annahm, bis er als Sherpa anerkannt war; danach war er seit den 20ern auf einigen der großen Expeditionen der Schweizer und Briten als Sherpa dabei, war aber immer am Gipfel gescheitert, zuletzt 1952 mit Raymond Lambert in einer Schweizer Expedition.

Mit dem Dritten Pol erfüllte sich für ihn ein Traum: immer schon wollte er nicht nur einfach Lastenträger für die Herrschaften aus Europa sein; und immer schon wollte er auf dem Gipfel der Gipfel stehen. Nun war er in Nepal zum Nationalhelden geworden, und das indische Himalayan Mountaineering Institute bestellte ihn zum Leiter. So konnte er viel zur Anerkennung der Rolle der Sherpas und zu ihrer Bekanntheit beitragen, und im Laufe seines Lebens erwarb er sich für seine Tätigkeiten großen Respekt. In seiner Familie fand seine Bergsteigerkarriere Fortsetzung: einer seiner Söhne, Jamling Tenzing Norgay, erreichte 1996 ebenfalls den Gipfel des Mount Everest, 1997 einer seiner Enkel, Tashi Tenzing.
Hillary wurde 1984 zum Botschafter Neuseelands in Indien, Bangladesh und Nepal bestellt. Diese Funktion übte er fünf Jahre lang aus. 1991 wurde er UNICEF-Sonderbeauftragter für Kinder im Himalayagebiet; 1995 Mitglied des respektablen Hosenbandordens.

Ab Anfang der 90er wandte sich Hillary gegen die Kommerzialisierung des Everest und des Bergsteigens an sich. Er gründete den Himalayan Trust, der nepalesische Sherpas unterstützte und wurde nicht müde, deren respektvolle Haltung dem „Heiligen Berg“ gegenüber zu betonen. Mit Erlösen aus seinen Vortragsreihen, Filmen und Büchern finanzierte Hillary Projekte im Natur- und Umweltschutz, den Bau von Krankenhäusern und Schulen, Brücken und Wasserleitungen. Diesen Abschnitt seines Lebens bezeichnete Hillary als seinen wichtigsten. 2003 erhielt er die Ehrenbürgerschaft Nepals.

2008 erlag er einem Herzanfall. Beim Staatsbegräbnis sagt die Premierministerin Helen Clark: „Sir Edmund Hillary beschrieb sich als einen durchschnittlichen Neuseeländer mit begrenzten Fähigkeiten. In Wirklichkeit war er eine herausragende Persönlichkeit. Er war nicht nur eine heldenhafte Figur, die den Mount Everest bezwang, sondern ein Mann, der ein Leben voller Entschlossenheit, Demut und Großzügigkeit gelebt hat.“ Seine Asche wurde auf Wunsch der Familie im Hafen von Auckland verstreut; die Berge hat Hillary selbst gewürdigt: „Nicht der Gipfel ist es, den man bezwingt, sondern das eigene Ich.“

E

EPILOG

Erinnern Sie sich noch an die drei Tiroler, die ich am Flughafen in Tansania getroffen habe, damals, als ich gescheitert, aber nicht gebrochen, nach Hause zurückkehrte? Zwei von ihnen sah ich bei einem Vortrag in Seefeld im Februar 2010 wieder, und ich habe mich über diese sympathische Geste gefreut, wie damals, als sie mir in Afrika ein Stück Heimat näher gebracht hatten. Als ich sie das erste Mal getroffen hatte, war ich nur auf dem Mount Everest gewesen, nun hatte ich alle „Seven Summits" bestiegen.

Jeder, der eine Reise tut, kann was erzählen, heißt es. Zu erzählen habe ich vieles, einiges haben Sie aus diesem Buch erfahren. Doch es ist zu einfach, ja, zu banal zu erklären, dass es eben sieben Bergbesteigungen waren. Die Expeditionen waren über die ganze Welt verteilt, und die alpinistischen Erfahrungen waren nur Teile eines großen Ganzen.

Mein Zugang war, Menschen wie Traditionen nicht zu verändern, sondern zu sehen und zu begreifen. In Europa fällt uns auf, was wir nicht haben. In Nepal, in Indonesien, in Tansania fällt uns auf, um wie viel mehr wir haben als andere. Uns fällt auf, dass wir im Grunde dankbar sein müssten, in der Zivilisation geboren worden zu sein, in der Licht und Strom und Klo mit Spülung zu den selbstverständlichsten Dingen des Lebens gehören, in der wir das Wasser aus der Leitung trinken können und in der es Hotelzimmer einer gewissen Qualität gibt.

Die Konfrontation mit anderen Völkern und anderen Begebenheiten öffnet uns die Augen. Was nutzt es, wenn ich mit Kreditkarte zahlen kann, wenn die Maschine fehlt, in die ich mein Plastikgeld stecken kann? Was mache ich mit einer prall gefüllten Brieftasche im Dschungel? Mich auslachen lassen?

Die Währung in Nepal ist die nepalesische Rupie, und ihr Wechselkurs zum Euro ist 1:100, 1 Euro sind 100 Rupien. In den Lodges des Himalaya-Gebirges gibt es Duschen, die jedoch nicht gratis genutzt werden dürfen, sondern 300 Rupien kosten. Nun kommt man durchaus einige Tage ohne Dusche zurecht, doch irgendwann braucht jeder einmal eine gründlichere Reinigung. Was mich bei meiner letzten Nepal-Reise mit einer Expeditionsgruppe 2010 fast in Rage brachte, war der Umstand, dass ein Mitglied der Expedition eines Tages eine geöffnete Dusche fand und diese nutzte, ohne seinen Obolus zu entrichten. Mehr noch. Stolz erzählte er, dass er sich gerade drei Euro gespart hätte und empfahl anderen, es doch auch zu tun.
Weil aufgrund der Aschewolke des isländischen Vulkans Eyjafjallajökull unser Flug Richtung Europa nicht abheben konnte, saßen wir in Kathmandu fest. Im Hotel „Yak und Yeti“ konnte man sich mit 10 US-Dollar im „all you can eat“-Bereich einkaufen. Mehrmals musste ich beobachten, wie einige Expeditionsteilnehmer ein unfeines Spiel betrieben. Einer bezahlte, ein oder zwei andere aßen mit. Welch' eine Charakterlosigkeit.

Keiner ist fehlerlos, auch ich nicht. Aber sich drei Euro für eine Dusche sparen zu müssen? Zehn Dollar nicht zu bezahlen, dafür bei einem anderen mitnaschen? Kann man darauf stolz sein? Ist es ein Ruhmesblatt für einen Europäer, in der so genannten Dritten Welt jemanden zu prellen? Aufgepasst: Ich sage nicht, dass man sich über den Tisch ziehen lassen muss, und in den Läden gehört Handeln und Feilschen zum Geschäft. Aber nicht bezahlen, was zu bezahlen gehört, ist würdelos.

Mit dem Mount Everest, dem höchsten Berg der Welt, bereits auf der Habenseite mag es einfach sein, ein „Seven Summits"-Projekt anzugehen – oder, sagen wir: einfacher.

Doch der Mount Everest kehrt immer wieder in meine Gedanken zurück, seine Größe, seine Erhabenheit haben mich in seinen Bann gezogen. Vorstellen könnte ich mir, ihn nochmals zu besteigen, vielleicht von der Südseite aus, und nicht nochmals über den Nordostgrat. Auch wenn ich die diversen „Ranglisten" gerade im Bergsteigen für wenig zielführend erachte, sage ich mit einem Augenzwinkern: Noch gibt es keinen Österreicher, der den Mount Everest von Norden und Süden aus bestiegen hat.

Eines ist aber auch schon klar. Ich würde das nächste Mal mit einer ganz anderen Geisteshaltung die Besteigung vornehmen, entspannter, gelassener, wohl auch emotionaler. 2001 durfte ich nicht scheitern. Die „Seven Summits" waren ein Projekt, das zu einem glücklichen Ende gebracht werden musste. Viel Druck ist nunmehr von meinen Schultern genommen. Die nächsten Berge werden von der mentalen Seite her leichter sein. Klar ist aber auch: Es ist einfacher, an einem so genannten leichten Berg zu scheitern denn an einem so genannten schweren. Der K2 würde mich reizen, aber auch andere Achttausender. Am wichtigsten ist, dass die Herausforderung einen Abenteuercharakter hat, Spaß macht und lehrreich ist.

Ich bin stolz auf meine Erfolge im Radsport und auf die „Seven Summits". Doch vor der Freude über erreichte Ziele kommt bei mir immer die Freude, überhaupt dabei gewesen zu sein. Ich hatte keine großartige sportliche Vorgeschichte wie beispielsweise Franz Spilauer, der das Race Across America 1988 als erster Europäer gewonnen hatte. Deswegen war ich stolz, überhaupt dort anzutreten. Es freut mich, die „Seven Summits" bestiegen zu haben, weil ich diese Aufgabe ohne ein gewohntes Umfeld, ohne mein Team, zu bewältigen hatte. Im Radsport stellst du eine Mannschaft zusammen, die Tag und Nacht für dich da ist. In den USA spreche ich deswegen mehr deutsch als englisch. Im Zuge des „Seven Summits"-Projekts sprach ich auf dem Weg zur Carstensz-Pyramide kein einziges Wort in meiner Muttersprache. Doch es war aus finanziellen Gründen nicht möglich, ein ganzes Team mit dabei zu haben. Allein die Expedition zum Mount Vinson kostet 25.000 Euro. Pro Person. Und exklusive Ausrüstung.

Die „Seven Summits" sind deswegen (auch) eine Preisfrage. Die Reise, die Ausrüstung, die Expedition selbst, die verschiedenen behördlichen Genehmigungen – all dies kostet Geld. Mit der richtigen Vorbereitung sind die „Seven Summits" aus bergsteigerischer Sicht zu schaffen. Eine richtige, saubere Technik ist wichtig, um Kraft zu sparen. Geschicklichkeit im Eis ist wichtig für die Sicherheit im Gelände.

Ich kann nicht sagen, welcher Berg für mich der schwierigste war. Jeder Berg ist eine eigene Herausforderung, jeder Berg hat seine besonderen Schwierigkeiten: die Höhe des Mount Everest beispielsweise, die Lage des Mount Vinson, die nie enden wollende Annäherung an den Aconcagua. Als Gesamtpaket, vielleicht, war der Mount McKinley am schwierigsten. Doch in einem Punkt hatte ich sicherlich Glück. An meinen Gipfeltagen war ich von extremen Wetterkapriolen verschont geblieben.

Mut, Vertrauen, Geduld, Respekt, Konzentration, positives Denken – die Rahmenbedingungen haben mich nicht nur gut auf die „Seven Summits“ gebracht, sondern auch wieder heil nach Hause.

Dafür danke ich meinen Freunden, den Bergen, und den Göttern, die sie bewohnen.

DIE AUTOREN

Wolfgang Fasching

wurde am 11. August 1967 in Bad Radkersburg geboren und wohnt mit seiner Frau Doris in Neukirchen bei Lambach in Oberösterreich. Nachdem er als 18-Jähriger mit dem Radsport begonnen hatte, konzentrierte sich Fasching auf Langstreckenrennen, nahm acht Mal am Race Across America (RAAM) teil, das er 1997, 2000 und 2002 für sich entscheiden konnte. 2001 bestieg der gebürtige Steirer als 13. Österreicher den Mount Everest und stand zwischen 2008 und 2009 auf den sechs höchsten Gipfeln von Europa, Nord- und Südamerika, der Antarktis, Afrika und Australien/Ozeanien.
Fasching ist akademischer Mentalcoach, gefragter Vortragender und Seminarleiter zum Thema „Mentale Stärke" für namhafte Institutionen und Firmen. Mit seinen Büchern zählt Wolfgang Fasching zu den Bestseller-Autoren Österreichs. Hubschrauberfliegen ist eines seiner bevorzugten Hobbys.
Internet: **www.fasching.co.at**

Egon Theiner

wurde am 13. Februar 1968 in Bozen geboren und arbeitete als Redakteur bei der Sonntagszeitung „Zett" (Verlagsgruppe Athesia) in seiner Heimatstadt und bei den „Salzburger Nachrichten". 2004 gründete er den egoth-Verlag, in dem bis heute rund 40 Titel erschienen sind. Seit 2008 arbeitet Egon Theiner auch als Medien-Koordinator für die FIS.
Internet: **www.egoth.at**

LITERATURVERZEICHNIS

Alfred-Wegener-Institut für Polar- und Meeresforschung: Berichte zur Polar- und Meeresforschung. Volumes 560-561, 2007

Amstädter, Rainer: Der schmale Grat der Erinnerung. Zwischen Hitler und Himalaya: Die Gedächtnislücken des jüngst verstorbenen Bergsteigeridols Heinrich Harrer. In: Datum, Heft 1, 2006

Autor unbekannt: Index to the Alpine Journal, Volumes 16-38, 1929

Autor unbekannt: Yukon Indian Opens Coney Island Eyes. In: The New York Times, 1914

Autor unbekannt: 100 Jahre Walliser Bergführerverband. Wallis Tourismus, 2009

Autor unbekannt: Purtscheller, Ludwig. Archivvermerk des Archivs des Österreichischen Alpenvereins, 1985

Autor unbekannt: Die Erschließung der Ostalpen. Deutscher und Österreichischer Alpenverein, 3 Bände, 1893-1894

Bass, Dick und Wells, Frank: Seven Summits. Grand Central Publishing, 1988

Bauch, Rainer: Mount McKinley – Der eiskalte Riese. Expedition zum kältesten Berg der Welt. In: Altenburger Geschichts- und Hauskalender 1995, E. Reinhold Verlag Altenburg, 1995

Bell, Steve: Seven Summits. The quest to reach the highest point on every continent. Octopus Publishing, 2000

Berghahn, Volker Rolf; Kitchen, Martin und Carsten, Francis Ludwig: Germany in the age of total war. Barnes and Nobles Books, 1981

Buhl, Hermann: Mein Gang zum Gipfel. In: Der Bergsteiger. 20. Jahrgang, Bruckmann, 1953

Clinch, Nicholas B.: A Walk in the Sky: Climbing Hidden Peak. Mountaineers Books, 1982

Conefrey, Mick und Jordan, Tim: On high: The quirky preacher who first conquered America's mightiest peak. (Hudson Stuck's ascent of Mount McKinley). In: The American Enterprise, 2002

Conefrey, Mick und Jordan, Tim: The American Enterprise. American Enterprise Institute for Public Policy Research, 2002

Coolidge, W. A. B.: The alpine career of Frederick Gardiner. Eigenverlag, 1920

Craufurd Grove, Florence: The Frosty Caucasus. General Books LLC, 2009

Cunningham, Carus Dunlop und Wiveleslie Abney, Sir William de: The pioneers of the Alps. Sampson Low, Marston, Searle, & Rivington, 1887

Dean, David: Breaking Trail. Hudson Stuck of Texas and Alaska. Athens: Ohio University Press, 1988

Dechy, Moritz von: Zur Geschichte der Ersteigungen des Elbruss (Minghi-Tau). In: Mitteilungen des Deutschen und Oesterreichischen Alpenvereins, Bd. XI, Nr. 5, 1885

Dechy, Moritz von: Kaukasus. Reisen und Forschung im kaukasischen Hochgebirge. Dietrich Reimer Verlag, 1905

Dürr, Anke und Höbel, Wolfgang: Ich wollte nie weg aus Tibet. In: Der Spiegel 45/1997

Egger, Carl: Pioniere der Alpen. 30 Lebensbilder der grossen Schweizer Bergführer von Melchior Anderegg bis Franz Lochmatter, 1827-1933. Zürich, Amstutz, Herdeg & Co., 1946

Farrar, John Percy: Historical documents IV: The Führerbücher of Peter Knubel. Reprint aus: The Alpine Journal, 1918.

Fasching, Wolfgang: Leben am Limit. Styria, 2001

Fasching, Wolfgang: Du schaffst, was Du willst. Eigenverlag, 2010 (5. Auflage)

Grabner, Martin: Nordwand, Mordwand. In: Der Standard, 26./27. Juli 2008

Gribble, Francis: Mountaineering as a Profession. The Studies, Duties, Adventures, and Ambitions of the Alpine Guide. In: The Idler, 1903

Harrer, Heinrich: Sieben Jahre in Tibet, Ullstein, 1952

Harrer, Heinrich: Die weisse Spinne: Die Geschichte der Eiger-Nordwand, Ullstein, 1962

Harrer, Heinrich: Ich komme aus der Steinzeit, Ullstein, 1963

Harrer, Heinrich: Geister und Dämonen. Magische Abenteuer in fernen Ländern, Ullstein, 1969

Harrer, Heinrich: Erinnerungen an Tibet, Ullstein, 1993

Harrer, Heinrich: Wiedersehen mit Tibet, Ullstein, 1997

Harrer, Heinrich: Das alte Lhasa. Bilder aus Tibet, Ullstein, 1997

Harrer, Heinrich: Mein Leben, Ullstein 2002

Hillary, Sir Edmund: Die Abenteuer meines Lebens. Der Himalaja und andere Herausforderungen, Ullstein, 2002

Honegger, Otto C. und Senn, Frank: Sherpas am Everest. Die Geschichte der wahren Helden. AS Verlag, 2009

Houston, Charles S. und Bates, Robert H.: K2 – The Savage Mountain. The Lyons Press, 2000
Huber, Thomas: Ogre. Gipfel der Träume. BLV, 2002
Huxley, Anthony: Standard Encyclopedia of the World's Mountains. Putnam, 1962
Jurt, Monica: Freunde der Berge. In: Zeitspiegel des Walliser Bergführerverbands, WB Extra, 17/09, 2009
Kalbermatten, Walter und Zurbriggen, André: Matthias Zurbriggen: der berühmteste Auslandsbergführer des 19. Jahrhunderts. Saas-Almagell, Kalbermatten & Zurbriggen, 1997
Lehner, Gerald: Zwischen Hitler und Himalaya. Die Gedächtnislücken des Heinrich Harrer. Czernin, 2006
Messner, Reinhold: Mallorys zweiter Tod. BLV, 1999
Meyer, Hans: Die Erstbesteigung des Kilimandscharo. Edition Erdmann, 2001
Mierau, Peter: Nationalsozialistische Expeditionspolitik. Deutsche Asien-Expeditionen 1933-1945, Herbert Utz Verlag, 2003
Miller, Robert: Fotobuch Mt. Vinson und Aconcagua, 2010
Mills, William James: Exploring polar frontiers: a historical encyclopedia, 2007
O'Keefe, Betty und Macdonald, Ian: The final voyage of the Princess Sophia: Did they all have to die? Heritage House Publishing, 1998
Patillo, Roger W.: The Canadian Rockies. Pioneers, Legends and True Tales. Trafford Publishing, 2006
Perren, Ernesto: Wahrnehmung der Berge im Wandel der Zeit. In: Neue Monta-Rosa-Hütte SAC, 2010
Purtscheller, Ludwig: Über Fels und Firn. München, Bruckmann, 1901
Rapp, Christian: Höhenrausch. Der deutsche Bergfilm. Sonderzahl, 1997
Rubi, Rudolf: Der Eiger. In: Fact Sheet Eiger. Grindelwald Tourismus, 2007
Ruppen, Peter Joseph: Die Chronik des Thales Saas für die Thalbewohner. Visp, Mengis, 1945 (Neudruck der Chronik von 1851)
Schatzl, Peter: Geographische Aspekte des Höhenbergsteigens. Geschichte des Höhenbergsteigens. Diplomarbeit, 2001
Schmitt, Fritz: Ludwig Purtscheller. Ein Pionier der Führerlosen. In: Bergsteiger, Nr. 7, 1984
Schneckenleitner, Peter: 12 Berge. Eigenverlag, 2008
Schneider, Curt: Edmund Hillary: Der erste Mann auf dem Everest. In: GEO Magazin, Nr. 04, 2003
Sherwonit, Bill: To the Top of Denali. Climbing Adventures on North America's Highest Peak. Graphic Arts Center Publishing Company, 2000
Speer, Albert: Erinnerungen. Ullstein, 2005
Stettler, Peter: Matthias Zurbriggen 1856-1917. In: Die Alpen, Heft 1, 2004
Stingl, Jörg und Treptow, Thomas: Seven Summits. Auf den höchsten Bergen der sieben Kontinente. Chemnitzer Verlag, 2009
Stuck, Hudson: The Ascent of Denali. The 1913 Expedition that First Conquered Mt. McKinley, 1914; Reprint: Wolfe Publishing Co., Inc., 2004
Stuck, Hudson: Ten Thousand Miles with a Dog Sled, 1914; Reprint: Wolfe Publishing Co., Inc., 2008
Stuck, Hudson: The Alaskan Missions of the Episcopal Church: A Brief Sketch, Historical and Descriptive, Reprint: BiblioBazaar, 2009
Stuck, Hudson: Voyages on the Yukon and Its Tributaries. Charles Scribner's Sons, 1917
Stuck, Hudson: A Winter Circuit of Our Arctic Coast. Charles Scribner's Sons, 1920
Trenker, Luis: Berge in Flammen. Neufeld und Henius, 1931
Trenker, Luis: Im Kampf um Gipfel und Gletscher. Th. Knaur Nachf. Verlag, 1942
Trenker, Luis: Helden der Berge. Bertelsmann, 1981
Ulrich, Thomas: Eiger-Nordwand. Mit Nagelschuhen und Hanfseil auf den Spuren der Erstbegeher. AS Verlag, 2003
Venables, Stephen und Baufeldt, Stephanie: Bis ans Limit. Die spektakulärsten Bergbesteigungen der Welt. Bruckmann, 2007
Venables, Stephen: Everest. Die Geschichte seiner Erkundung. Frederking & Thaler, 2003
Volkmann, Else von; Goebel, Klaus und Meyer, Hans: Der Mann vom Kilimandjaro. Haus des Alpinismus (Deutscher Alpenverein: Wissenschaftliche Alpenvereinshefte, Heft 35), 2002
Waeber, Michael: Walliser Alpen – Gebietsführer. Bergverlag Rother, 2003
Whymper, Edward: Scrambles amongst the Alps in the years 1860-69. National Geographic, 1980
Whymper, Edward: The valley of Zermatt and the Matterhorn. A guide. 1897
Wilson, Jim: Aorangi. The Story of Mount Cook. Whitcombe & Tombs, 1968
Wood, John W.: Archdeacon Stuck's Achievement. In: The New York Times, 1932
Ziak, Karl: Der Mensch und die Berge. Eine Weltgeschichte des Alpinismus. Buchgemeinschaft, 1965
Zurbriggen, Matthias: Von den Alpen zu den Anden. Lebenserinnerungen eines Bergführers. 1937

„Der Berg ist Dein Freund"

... der Berg ist Dein Freund...!

... ein Freund, der es Dir gestattet, auf ihn hinaufzusteigen...
... ganz leicht...

Du schaffst es!

... den höchsten Punkt des Berges zu erreichen...
... Du kennst das Glücksgefühl, wenn Du da oben stehst...
... Du spürst es, und dieses Gefühl beflügelt Dich, hinaufzusteigen...
... ganz locker, ganz leicht und zuversichtlich...

... es ist schön...
... es ist wunderschön...

Du schaffst es!

Du schaffst es!

... Du hast die Energie, die Du brauchst, um Dein Ziel zu erreichen...
... um all Deine Ziele zu verwirklichen...

Du schaffst es!

... Energie...
... Kraft...
... Ausdauer...

Du schaffst es!

Weitere Mental-Tipps unter: www.fasching.co.at

Buchtipp! Wolfgang Fasching: Du schaffst, was Du willst!